VOYAGE

DE

LA TROADE.

VOYAGE

DE

LA TROADE,

Fait dans les années 1785 et 1786;

Par J. B. LECHEVALIER,

Membre de la Société des sciences et arts de Paris;
du Lycée de Caen, des Académies d'Edimbourg,
de Gottingue, de Cassel et de Madrid.

TROISIÈME ÉDITION,

Revue, corrigée et considérablement augmentée.

Ilion, ton nom seul a des charmes pour moi.
Lieu fécond en sujets propres à notre emploi,
Ne verrai-je jamais rien de toi, ni la place
De ces murs élevés et détruits par les dieux;
Ni ces champs où couraient la fureur et l'audace,
Ni des tems fabuleux enfin la moindre trace
Qui pût me présenter l'image de ces lieux?
LAFONTAINE.

TOME SECOND.

PARIS,

DENTU, Imprim.-Libraire, Palais du Tribunat,
galeries de bois, n°. 240.

AN X.—1802.

VOYAGE

DE

LA TROADE.

CHAPITRE VII.

Opinion des savans étrangers, sur les découvertes faites dans la Troade.

A mon retour de Turquie, j'avais déjà parcouru tout le midi de l'Europe; j'entrepris alors le voyage du nord, et je le commençai par l'Ecosse.

On ne m'accusera point de m'écarter de mon sujet, si je rappelle ici les témoignages d'intérêt que j'ai reçus dans l'université d'Edimbourg, de la part de l'immortel Robertson, du docteur Spens, du lord Adam Gordon, de l'éloquent docteur Blair, du lord Elcho, du modeste Dougle Steuart, digne successeur de l'auteur *de la Richesse des Nations*; du lord Dreghorn, fils du célèbre géomètre Maclaurin ; du respectable lord Monbobo ; du docteur Gregory, successeur du fameux Cullen ; de l'ingénieux naturaliste docteur Hutton, et de son ami le docteur Black ; de M. Arbuthnot, de M. John Miller, du lord Dunsinnam, du professeur d'histoire Frazer Titler, du savant géomètre Plaifair, et de mon estimable ami le professeur Dalzel, bibliothécaire de l'université.

Lorsque je parlai de la Troade en présence de ces savans, ils se montrèrent tellement sensibles au récit de mon voyage, que je crus leur donner à mon tour un témoignage de gratitude et de déférence, en composant à la hâte le tableau de la plaine

de Troye. La société royale d'Edimbourg en écouta la lecture avec in-
dulgence et intérêt, pendant trois de
ses séances, présidées alternativement
par le docteur Blair et le lord Dunsinnam. Elle me reçut ensuite au
nombre de ses correspondans; et, sur
le rapport de ses commissaires, elle
ordonna que ma dissertation serait
imprimée en français à la tête de ses
mémoires de littérature, et que la traduction en serait confiée à mon ami
le professeur Dalzel.

Il ne faut donc pas s'étonner si je
profite avec empressement de l'occasion toute naturelle qui se présente
ici, de publier l'accueil flatteur que
j'ai reçu de ces hommes aussi distingués par leur savoir que par leur bien-
veillante hospitalité.

Ce ne sont pas encore là les seules
obligations que j'aie eues aux savans
Ecossais. Je leur ai dû l'amitié du
docteur Jackson, principal dans l'u-

niversité d'Oxford; de M. Rakies, du respectable M. Coutts et de son aimable famille; de M. François Burdett, de M. Robert Smith, de M. Fréderic North et du lord Lansdown, aussi justement célèbre par son éloquence et son savoir, que par la sagesse de ses principes.

Je leur dois plus de reconnaissance encore pour m'avoir fourni les moyens d'être utile à ma patrie, en me procurant l'occasion de connaître l'illustre compagnon de Cook, sir Joseph Banks, président de la société royale de Londres.

Les commissaires Charretié et Nettement étaient chargés, par le gouvernement français, de réclamer les objets d'histoire naturelle pris par les Anglais sur les vaisseaux envoyés à la recherche du malheureux La Peyrouse. Ces deux agens qui connaissaient mes liaisons avec M. Banks, me députèrent vers lui pour lui transmettre leur réclamation.

Les premières paroles qui sortirent de la bouche de ce célèbre voyageur, m'annoncèrent que je n'aurais pas de son côté de grandes difficultés à vaincre.

« Je n'ai point oublié, me dit-il,
« et je n'oublierai jamais les égards
« que nous avons éprouvés au milieu
« de la guerre, le capitaine Cook et
« moi, de la part de la nation fran-
« çaise ; vous me rendez un service
« signalé, en me présentant l'occasion
« de lui en témoigner ma reconnais-
« sance. Je ne négligerai rien pour
« faire valoir la juste réclamation du
« gouvernement français. Puisse ce
« léger acte de complaisance pré-
« parer la voie à une réconciliation
« si nécessaire au bien de l'humanité
« et au progrès des sciences ! »

M. Banks tint sa parole. Les objets restitués furent apportés au Hâvre, sur un vaisseau parlementaire.

On interprêterait mal les motifs

qui me déterminent à parler ici des
témoignages avantageux que le savant
naturaliste la Billardière et les membres
de la commission des échanges , ont
donnés dans cette occasion à mon zèle,
si on les attribuait à un besoin d'a-
mour-propre.

Mon premier objet a été de procla-
mer de plus en plus cette paix éternelle qui doit régner entre les savans
de tous les pays, et de rendre justice
à la noble conduite de M. Bancks.
J'ai cru , en second lieu , que dans
les tems de guerre et de trouble , il
n'était pas inutile au voyageur qui
s'occupe des sciences et des arts , de
constater l'objet de ses voyages aux
yeux de ses compatriotes et des gou-
vernemens étrangers , afin d'obtenir
par-tout cette protection que les peuples civilisés doivent aux sciences et
à ceux qui les cultivent.

Je ne craindrai donc point , par
cette raison , d'ajouter encore, que

j'ai été assez heureux pour avoir une occasion, à une autre époque, de témoigner mon zèle aux membres du conseil des poids et des mesures, aux citoyens Coquebert, Gatey et Legendre, en portant de leur part aux savans espagnols l'hommage du *mètre* et du *kilogramme*, et en leur développant le nouveau sytême de mensuration des Français.

L'ambassadeur Pérignon et le consul général Dhermand ont secondé de toute leur influence, l'honorable commission dont j'avais été chargé par la bienveillance de Grégoire, membre de l'Institut national. J'ai été admis correspondant de l'académie d'histoire de Madrid, sous les auspices de dom Joseph Cornide, de dom Antonio de Capmany, de dom Louis Guevara et de dom Miguel de Manuel.

Je viens de rendre compte des succès que la description de la plaine de Troye a obtenus parmi les savans

d'Espagne et d'Angleterre ; il me reste
à dire comment elle a été accueillie
par ceux d'Allemagne. Si l'on trouve
que j'insiste trop sur ces détails,
on ne doit pas perdre de vue que ma
tâche est de ressusciter des monumens extraordinaires, et que je ne
saurais par conséquent invoquer trop
d'autorités en ma faveur. A mon
arrivée à l'université de Gottingue,
mon premier soin fut d'y rechercher
la connaissance du célèbre Heyne.
Il était déjà instruit du suffrage
dont l'université d'Edimbourg avait
honoré ma dissertation, et il me
pria de la lui communiquer. Je crus
devoir recourir aux savans Ecossais,
dont elle était la propriété. Ceux-ci,
pénétrés d'estime pour le bibliothécaire de Gottingue, lui envoyèrent le
manuscrit avant de l'avoir eux-mêmes
livré à l'impression.

L'ouvrage fut aussitôt traduit en
allemand, par l'un des élèves les plus

distingués de Heyne, M. Fréderic Dornedden, et enrichi d'un docte commentaire, de la main de Heyne lui-même. Muni de cette sanction imposante, il excita la curiosité de toutes les universités d'Allemagne. La société de Gottingue, sur la présentation de M. Heyne, me reçut au nombre de ses correspondans ; et je partis pour achever le voyage du nord.

Qu'il me soit encore permis d'épancher ici un sentiment de reconnaissance pour les savans de cette partie de l'Europe, où la bienfaisance et la simplicité semblent avoir fixé leur séjour afin de dédommager les habitans de la rigueur de leur climat.

Je ne finirais pas si j'entreprenais de raconter les témoignages de bonté que j'ai éprouvés à Hambourg, de M.me de Bentinck et de M. Sieveking ; à Copenhague, du célèbre négociant Péchier ; à Stockholm, du fameux

sculpteur Sarghel , de M. Fredenhein ,
du savant archevêque d'Upsal , et de
M. Thunberg , successeur de Linnæus,
et auteur du voyage au Japon ; à Pé-
tersbourg, du célèbre naturaliste Pallas,
et de l'architecte Guaringhi ; à Cassel ,
de son altesse le Landgrave , de M. de
Feltheim , et de M. de Mauroy ; à Ha-
novre , de M. de Hardenberg ; à Yena,
du professeur Schulz ; enfin à Weymar,
l'asile des arts et des sciences , l'A-
thènes de l'Allemagne, de MM. Wye-
land, Erder , Goethe , Bertuch , Boet-
tingher, et du prince lui-même le père
et l'ami du peuple qu'il gouverne.

Depuis mon retour en France ,
M. Robert Liston , ambassadeur d'Angleterre à Constantinople , M. Hawkins, le docteur Sibthorpe, professeur
de botanique à Oxford , et le docteur
Dallaway, après un long voyage dans
toutes les parties de la Troade , ont
communiqué leurs journaux au docteur Dalzel. Celui-ci a composé un

tableau comparatif des observations
de ces voyageurs et des miennes. Il en
a résulté , qu'à quelques inexactitudes
près qui se trouvent dans ma carte ,
la plaine de Troye est entièrement
conforme à la description que j'en ai
faite. M. Stockdale , M. Wakefieldet ,
M. Morrit et M. Olivier , se sont déclarés les défenseurs du théâtre de
l'Iliade , et les miens.

On a aussi vu paraître en Allemagne
un ouvrage intitulé : *Choiseul-Gouffier
sur la Troade*. L'éditeur de cet ouvrage , le savant Gotlob Lenz , con-
seiller du duc de Saxe-Weymar , y a
joint tout ce qui a été écrit jusqu'à
présent sur les monumens de la Troade,
par l'ingénieur Muller de Gottingue ,
par le major Schwartz de Brunswick ,
et le major Helvig de Stockholm.

Au moment où tous les savans de
l'Europe se réunissaient pour adopter
comme certaine l'existence de la plaine
de Troye , le docteur Bryant qui la

combat depuis trente ans avec plus de zèle que de succès, croit devoir entrer en lice et lutter lui seul contre des adversaires aussi nombreux et aussi imposans.

Dans le savant ouvrage qu'il a publié contre la découverte des monumens de la Troade, il a fait quelques observations que j'ai trouvées justes, quoiqu'elles fussent dirigées contre moi. Mon jugement sur l'ouvrage de M. Wood lui a paru trop sévère : peut-être avais-je mal exprimé mes véritables sentimens pour ce voyageur estimable et courageux. Je n'avais pas le droit de m'offenser de la critique de M. Bryant, tant qu'il s'est borné à défendre l'ouvrage de son ami ; mais il m'a fait un reproche auquel j'ai été profondément sensible, et pour lequel je dois le citer non-seulement au tribunal des admirateurs d'Homère, mais à celui des hommes justes de tous les pays.

J'ai dit que « les prêtres du chris-
« tianisme, connaissant la vénération
« des Grecs pour les sépultures de leurs
« anciens héros, n'avaient point ren-
« versé ces monumens, de peur d'in-
« disposer les peuples contre le nou-
« veau culte, et leur faire regretter
« l'ancien. »

Mon but, en avançant cette con-
jecture, n'était pas équivoque ; j'avais
besoin de tous mes efforts pour prouver
que les tombeaux de la Troade ont
résisté aux injures des tems et des
révolutions. Je voulais prévenir les
difficultés qu'on pouvait me faire :
personne ne saurait se méprendre sur
mes intentions.

Cependant M. Bryant, fidèle à sa
vieille antipathie contre la plaine de
Troye, exerce toute son habileté à
découvrir un nouvel Ajax, un ennemi
des principes religieux, dans celui qui
ne cherche autre chose qu'à restaurer
le théâtre de l'Iliade.

« Tout ceci, dit-il (1), est une
« critique du christianisme et des
« premiers chrétiens, pour lesquels je
« me flatte que l'auteur a plus de
« respect qu'il n'en montre, en pre-
« nant inutilement des moyens indi-
« rects de les diffamer. »

Comment M. Bryant, qui se déclare
ici le défenseur des principes religieux,
a-t-il osé se permettre, sans motif, une
personnalité aussi injurieuse ? Il était
donc aussi un impie, ce vertueux
recteur de Ludguan, le savant Borlasse, lorsqu'il disait : « Les mission-
« naires (2) envoyés pour convertir
« les habitans d'Irlande, au lieu d'a-
« bolir tout-d'un-coup les superstitions
« des Druïdes, trouvèrent plus pru-
« dent de les détourner à l'avantage

____

(1) Observations upon a Treatise entitled a
description of the *plain* of Troya, p. 43.

(2) Antiquities of Cornwall, by Borlasse,
p. 222.

« de la religion qu'ils voulaient éta-
« blir ; et voyant la vénération que
« ces ignorans insulaires avaient pour
« les anciens tombeaux (Barrows) (1),
« ils dédièrent ces monumens à des
« saints du christianisme. »

---

(1) Les tombeaux dont il est ici question, sont
exactement de la même construction que ceux
qu'on voit dans la plaine de Troye.

CHAPITRE VIII.

Analyse de la dissertation de M. Bryant sur la guerre de Troye (1).

Il est des hommes que des travaux paisibles éloignent de la société, mais qui veulent cependant que la gloire les y ramène. La découverte de la vérité est rarement la récompense qu'ils ambitionnent; et telle est l'inquiétude constante qui les agite, que même, en renonçant à toutes leurs passions,

---

(1) A dissertation concerning the war of Troy and the expediton of the Grecians as described by Homer, Shewing that no such expedition was ever undertaken and that no such city of Phrygia existed. *Second édition.* By Jacob Bryant, London 1799.

ils peuvent difficilement éteindre la flamme qui les nourrit. Ce désir de la célébrité fut toujours le principal mobile de ceux qui consacrèrent leur existence à l'étude des connaissances humaines. Que de découvertes brillantes, que de travaux ne lui devons-nous pas ? Avant de blâmer les excès auxquels il a pu conduire quelques écrivains, rendons hommage à tant de savans illustres, qui cherchèrent dans l'estime générale la récompense de leurs travaux. Avant de dire quel est le danger de toutes ces vaines observations qu'une théorie systématique prétend enchaîner, reconnaissons d'abord l'importance d'une critique exacte et judicieuse, qui n'admet parmi ses preuves que des vraisemblances extraites du sujet discuté, qui ne reconnaît d'autres appuis que ceux des écrivains dont on ne peut suspecter le témoignage.

Trop souvent on abuse des idées

générales, en cherchant dans les expressions d'un auteur le moyen de
détruire le sens qu'il y donne lui-
même. Rien ne paraît difficile à ceux
qui ont avancé un paradoxe ; ils se
trouvent dans la fâcheuse nécessité
de le soutenir, et de chercher par-tout
des autorités pour l'ériger en système.
Ils espèrent que leur hardiesse à
contredire un grand nombre d'opinions réunies , mettra leur propre
opinion à l'abri de tout examen. Le
défaut de réflexion, qui leur fait
adopter un sentiment extraordinaire,
les aveugle sur les obstacles qu'ils
doivent rencontrer. L'espoir de découvrir ce qui a pu échapper à la
perspicacité des hommes les plus ins-
truits , ne leur permet pas de s'arrêter
dans une telle entreprise. Ils la con-
sidèrent bientôt comme devant être
un titre certain à la gloire et à la
célébrité.

Plus leur opinion est attaquée avec

force , plus ils mettent d'ardeur à la défendre. Tous les moyens leur sont indifférens pour garantir d'atteinte leur système favori , sur-tout lorsqu'afin de l'établir, ils ont réuni les secours d'une vaste érudition à toutes les subtilités de l'école.

Dans la dissertation que M. Bryant vient de publier en Angleterre sur la guerre de Troye, il n'a négligé aucun des argumens qu'il était possible de rassembler contre l'authenticité des poëmes d'Homère ; il a recueilli toutes les fables qu'on a débitées contre ce grand poëte. Il refuse au chantre d'Achille l'invention de ses œuvres immortelles ; à la Grèce, la gloire dé lui avoir donné le jour, et à la plaine de Troye, l'illustration qu'elle a reçue par les combats de tant de héros , et par les hommages que les générations rendirent aux monumens qui renfermaient leurs cendres.

Il change le théâtre de l'Iliade, et

couvrant du voile de l'allégorie les
principaux événemens de ce poëme ,
il en cherche les souvenirs dans les
annales égyptiennes.. Tour - à - tour
il nous peint le chantre d'Achille
comme un grec superstitieux qui a
vieilli sur les bords du Nil , « comme
« un plagiaire qui dérobe ses poésies
« dans les archives des temples d'Isis,
« un barde vagabond , insensible au
« climat de la Grèce, aux grandes
« actions de ses héros ; qui va cher-
« cher en Egypte un asile et le sujet
« de ses chants.

Suivant lui, la ville de Priam « ne
« dominait point les rives de l'Helles-
« pont : elle était dans les plaines
« de Memphis , et reconnaissait pour
« fondateur quelque grec fugitif.

La confédération des peuples de
la Grèce lui paraît impossible. « Ils
« n'avaient entre eux aucune corres-
« pondance, aucune liaison. Jamais
« Agamemnon, le roi des rois, ne put

« réunir une flotte assez nombreuse,
« pour porter cent mille hommes sur
« la côte d'Asie. La durée de neuf
« ans « lui semble » trop longue pour
« renverser un puissant roi et ses
« nombreux alliés : les vastes forêts
« du mont Ida ne peuvent suffire à
« radouber les mille bateaux d'Aga-
« memnon, » etc. etc.

Il est impossible de suivre M. Bryant
dans les détails immenses de son sys-
tême. M. Morrit et les savans auteurs
du Monthly-Review, l'ont détruit de
fond en comble. Le chapitre suivant
contiendra quelques réflexions sur les
argumens qu'il croit les plus favorables
à l'étrange opinion qu'il soutient.

CHAPITRE IX.

*Examen critique de la dissertation
de M. Jacob Bryant, sur la guerre
de Troye, sur la durée de cette
expédition, et sur l'armement des
Grecs.*

Au commencement du siècle dernier,
vivait un homme célèbre par l'étendue
de ses connaissances et la profondeur
de son érudition. Cet homme eût joui
d'une réputation intacte, si le desir de
faire parler de lui ne l'avait engagé à
soutenir des paradoxes et des opinions
bizarres. Il suffisait qu'un ancien auteur contrariât son système, pour que
l'existence de cet écrivain fût aussitôt
déclarée fausse et imaginaire. Admi-
rateur sincère de l'antiquité, il refu-
sait cependant toute confiance aux

annales qui nous en ont transmis
l'histoire. Ce scepticisme s'étendait
même jusqu'aux objets religieux les
plus respectables. Le père Hardouin
citait d'abord en sa faveur des actes
des conciles, puis il en niait l'authenticité.

Un de ses amis lui représentant un
jour le tort que lui faisaient ses paradoxes et ses systêmes, reçut de lui
cette réponse : « Croyez - vous donc
« que je me serai levé toute ma vie
« à quatre heures du matin, pour ne
« dire que ce que d'autres ont dit
« avant moi ». Son ami lui repliqua :
« Il arrive quelquefois qu'en se levant
« si matin, on compose sans être bien
« éveillé, et qu'on débite les revêries
« d'une mauvaise nuit pour des vérités
« démontrées. »

Cette réponse s'adresse à tous les
écrivains systématiques, qui s'obsti-
nent à revêtir leurs opinions bizarres
des couleurs du savoir et de l'érudition.

C'est ainsi qu'après plus de trente siècles, on vient aujourd'hui contester l'existence d'Homère et la réalité des événemens qu'il nous a transmis. On s'attache à quelques circonstances isolées et incertaines, pour nier un fait important et avoué de toute la Grèce : on s'appuie de l'autorité de quelques écrivains obscurs, pour renverser une époque fameuse, où finissent les allégories de la fable, et où commencent les traditions de l'histoire. Mais de pareils témoignages suffiraient-ils donc pour éloigner nos regards de la Troade, et pour les transporter dans des régions imaginaires ? Serait-ce dans les ruines de Memphis, que reposent les cendres de Patrocle et d'Achille, celles d'Hector et de Priam ? Le récit des victoires du fils de Thétis, ne doit-il plus être à nos yeux qu'une de ces énigmes fabuleuses si long-tems conservées en Egypte dans les temples des dieux ?

Car tels sont les paradoxes que ne craint pas de soutenir un homme connu par sa vaste érudition, et dont le témoignage prêterait un grand appui à la vérité, s'il ne préférait d'en faire le sacrifice à l'erreur. En effet, tantôt il ressuscite des fables postérieures aux annales grecques; tantôt il s'attache à des écrivains obscurs, pour y chercher des dates contestées et des faits apocryphes. A-propos de l'âge d'Hélène, il cite Sénèque, et le compilateur Suidas; à-propos de la naissance d'Homère, il appelle à son secours ce Metrodore, dont l'opinion ne prouve rien en sa faveur, puisque ce philosophe faisait profession de scepticisme.

Il exhume une tradition surannée, qui peint l'auteur de l'Iliade comme le vil plagiaire de Phantassia, prêtresse et gardienne des archives sacrées. N'est-il pas malheureux que M. Bryant, après avoir laissé des traces aussi ho-

norables dans la carrière de l'instruc-
tion, finisse par y élever des monumens
aussi fragiles ?

« Les préjugés, dit-il au commen-
« cement de sa dissertation, consis-
« tent dans un attachement injuste
« que l'on conserve pour un objet,
« sans aucun examen raisonnable et
« sans égard pour la vérité. Il sem-
« blerait que cette disposition de l'ame
« fût facile à rectifier; cependant l'ex-
« périence nous apprend qu'il n'en
« est pas ainsi.... Les opinions dont
« nous avons été imbus dans notre
« jeunesse, et qui ont eu la sanction
« des personnes que nous honorons,
« s'identifient avec nous, et acquièrent
« ainsi la force d'une seconde na-
« ture....» Que veut faire entendre
par-là M. Bryant?.... Qu'il faut renoncer aux témoignages qui nous offrent les garanties les plus nombreuses
et les plus certaines : mais pour s'y décider, on a droit d'exiger des raisons.

Et lorsqu'un ouvrage porte depuis plusieurs siècles le nom d'un auteur, on ne peut le lui enlever, à moins qu'on ne prouve évidemment que cet auteur n'a point existé, ou que l'ouvrage qu'on lui attribue renferme des choses contraires à ses sentimens, ou incompatibles avec les opinions du siècle dans lequel il a été composé.

Les premiers chapitres de la dissertation de M. Bryant contiennent quelques éloges d'Homère, empruntés de Dion Chrysostôme. On y trouve aussi plusieurs citations d'Euripide, de Plutarque et de l'Odyssée, sur la confédération, l'armement et le départ des rois grecs. Comme l'auteur montre par-tout l'intention de détruire le témoignage de toute l'antiquité en faveur de l'existence d'Ilium ; au lieu de reproduire quelques passages insignifians pour l'histoire de cette époque ; au lieu d'entamer une discussion hypothétique aussi fastidieuse pour mes

lecteurs qu'indifférente dans ses résultats, je croirai écarter ce sceptique avec
plus de succès, en développant le dessein d'Homère dans la composition de
ses poëmes.

On a très-peu de notions sur la
patrie, la naissance et la mort de ce
grand poëte. On croit généralement
qu'il était né dans l'île d'Ithaque, ou
sur les rives du Melès ; et l'on s'accorde à nous le présenter, au moins
dans sa vieillesse, comme privé de la
vue et en proie à la misère. Si sa vie
fut pénible, il paraît qu'à sa mort il
devint l'objet de la vénération publique : du moins les monumens élevés
par-tout à ses mânes, semblent être le
tribut de la reconnaissance et l'of-
frande tardive de l'admiration dont
les Grecs honorèrent son génie.

Un desir bien noble fut le motif
de ses travaux.

Il composa l'Iliade pour illustrer la
Grèce, et transmettre à la postérité les

faits historiques consacrés dans son tems par la croyance des peuples. Il traça le plan de l'Odyssée pour y rassembler ses propres souvenirs. Si l'on considère, en effet, le dessein et les principales circonstances de ce dernier poëme, on y remarque un but unique ; c'est toujours sur Ulysse que l'intérêt est fixé. On aime , on chérit les personnages qui prennent part à ses malheurs.

Homère voulant intéresser les Grecs, devait choisir l'époque la plus célèbre de leurs annales : celle d'un événement glorieux, dont le souvenir généralement répandu fût encore assez distinct, pour qu'on s'en rappelât les principales circonstances. N'aurait-il pas manqué son but, s'il avait employé les couleurs de l'allégorie pour retracer des vérités connues, et s'il s'était servi du pinceau des fictions pour immortaliser les triomphes de sa nation ?

Diodore de Sicile initie le chantre

de l'Iliade aux mystères les plus secrets
de l'Egypte, et M. Bryant le fait des-
cendre de parens égyptiens, grecs
d'origine. Pourquoi donc le poëte
oublie-t-il aussitôt les lieux de sa naissance et les usages auxquels il est
accoutumé, puisqu'il jouit de la confiance des prêtres de cette contrée?
Pourquoi n'adopte-t-il pas aussi leurs
dogmes? Lorsqu'on nous le peint
s'exilant de sa patrie pour aller à la
recherche des traditions égyptiennes,
ne dirait-on pas que la Grèce ne pouvait lui en offrir? et croirait-on que
son ame fût insensible à ces émotions
nationales et vraiment patriotiques,
qui, dans de semblables époques, se
mêlent toujours aux souvenirs po-
pulaires?

Je demande maintenant à M. Bryant,
quel intérêt auraient eu les Grecs à
entendre des poésies qui leur retra-
çaient des événemens inconnus, que
dis-je, qui ressuscitaient à la gloire

les Égyptiens, ce peuple stationnaire
dans l'art de la civilisation, dont la
plus haute sagesse consistait dans
quelques principes d'Hygienne, et
dont l'existence toujours obscure depuis l'époque la plus reculée, nous
dérobe le berceau d'un autre peuple,
qui dut les initier à la connaissance
des sciences et des arts ?

La nation grecque, aussi légère
qu'enthousiaste, ne pouvait goûter
long-tems ces mystères silencieux et
paisibles : elle aimait les fictions brillantes qui émeuvent l'imagination.
Extrême dans ses affections, elle voulait passer de la terreur à la gaieté,
des noires ténèbres de la nuit aux
feux éclatans du jour. Le poëte qui
leur faisait éprouver ces sentimens
divers, était assuré de la captiver.

Aussi la vénération qu'Homère ins-
pira fut si grande, qu'après lui avoir
élevé des temples et des autels, on
alla jusqu'à soupçonner les Athéniens

d'avoir ajouté quelques vers à ses poëmes, afin de terminer à leur avantage certaines querelles qu'ils avaient avec un peuple voisin pour les limites de leur territoire, et qu'on vit leurs adversaires se soumettre sans murmure à l'interprétation d'un passage de l'Iliade.

Quels que soient le charme de la poésie et son influence sur un peuple sensible, il ne faut pas lui attribuer tout le succès des poëmes d'Homère; cherchons y d'autres titres à la vénération des Athéniens.

Les Grecs ayant des relations continuelles avec des peuples dont l'origine se perdait dans la nuit des siècles, aimaient à opposer aux reproches qu'on leur faisait sur la nouveauté de leur civilisation, le monument historique le plus illustre dont un peuple puisse jamais se glorifier. En effet, les chants d'Homère ne sont point particuliers à un gouvernement, à une peuplade, à une cité, ils sont une suite de récits, dont les circons-tances multipliées ont pour théâtre les contrées les plus lointaines ; et quoique les événemens ne remontent pas à des époques très - éloignées , cependant la certitude qu'ils paraissent offrir remplace avantageusement ces vaines traditions dont un peuple su-perstitieux se glorifiait sans cesse. Les poëmes d'Homère rappellent non-seu-lement les événemens principaux qui agitèrent l'Europe et l'Asie ; mais à ces récits importans sont mêlés des accidens remarquables, et les avan-tures particulières des princes qui gouvernaient alors ces contrées. Il n'est pas jusqu'à l'orgueil et même à la vanité de la nation grecque, qui ne donne au témoignage du poëte un nouveau caractère d'authenticité.

Homère se serait-il permis de dé-vouer à l'exécration des peuples, les aïeux de ces princes qui de son tems

se transmettaient encore les trônes
de la Grèce, si un souvenir général
n'avait pas secondé son audace ; si des
traditions admises n'avaient dépeint
sous des couleurs odieuses à ses com-
temporains les grands criminels qu'il
désignait à leur haîne et à celle de la
postérité ?

Les historiens les plus sceptiques
ont tous considéré l'Iliade comme
l'histoire d'un événement célèbre dans
les annales du monde. Je trouve dans
leur nombre un écrivain dont le témoignage ne saurait être suspect à
M. Bryant : c'est Flavius Joseph, cet
hébreu zélé, qui arracha d'une main
hardie des pages fabuleuses aux fastes
de la Grèce et de l'Egypte.

« Je ne vois rien, dit-il, parmi les
« Grecs qui ne soit nouveau, soit que
« je considère la fondation de leurs
« villes, l'invention des arts dont ils
« se glorifient, l'établissement de leurs
« lois, ou leur application à écrire

« l'histoire avec quelque soin... Quoi-
« qu'ils se flattent d'être les plus ha-
« biles des hommes, ils doivent savoir
« qu'à peine ils ont encore acquis la
« véritable connaissance des lettres.
« Ils les ont, disent-ils, apprises des
« Phéniciens et de Cadmus ; mais ils ne
« sauraient montrer ni dans leurs tem-
« ples, ni dans leurs archives, aucune
« inscription de ces tems reculés : on
« doute même qu'ils eussent l'usage de
« l'écriture, lorsque plusieurs siècles
« après, ils firent le siége de Troye. ...
« On ne saurait contester que le *plus*
« *ancien poëme ne soit celui d'Homère,*
« *qui ne peut avoir été composé que*
« *depuis cette guerre fameuse* » (1).

Flavius attaque ici, il est vrai,
l'antiquité des Grecs ; mais il regarde
comme incontestable l'époque établie

-----

(1) Flav. Joseph, def. contre Appion. Trad.
d'Arnaud d'Andilli.

dans leurs annales par la guerre de Troye. Il rejette des prétentions mal fondées, mais il a soin de reconnaître l'événement sur lequel repose toute leur chronologie.

Il est difficile d'attribuer à un souvenir fabuleux, le rapport intime qu'ont entre elles les différentes traditions de la Grèce. Allez à Sparte, à Athènes : parcourez la Méditerranée, où tant de peuples vivaient sous des lois diverses : transportez-vous en Sicile : passez sur le continent d'Italie ; par-tout les héros d'Homère ont des autels, par-tout on trouve le souvenir de leur confédération et de leurs exploits.

Cette conformité d'idées entre des peuples aussi différens dans leurs mœurs, et séparés les uns des autres par des distances aussi considérables, indique un intérêt commun. A moins de l'admettre, comment supposer que tant de nations rivales aient pu se réunir pour offrir le même hommage,

le même tribut d'admiration à la mémoire de certains guerriers ?

Toutes les nations de la Grèce nous
parlent d'un outrage qu'elles reçurent
autrefois de l'Asie, et du succès qui
couronna leur vengeance.

Si l'on reconnaît dans l'Iliade des
coutumes égyptiennes, ne peut - on
pas en attribuer l'invention au génie
d'Homère. Peut-être il avait voyagé
dans l'Egypte ; peut- être il cherchait
à suivre une tradition vulgaire, qui
attribuait aux Egyptiens les premières
habitations fondées dans l'Attique :
mais les détails de ses poëmes sont
absolument opposés à ce caractère
monotone et insensible , qui assimile
entre eux tous les adorateurs d'Osiris.
Les souvenirs d'une telle nation ne
peuvent s'embellir des couleurs brillantes de l'allégorie; une égale obs-
curité confond chez elle les dogmes
secrets , les préceptes de la morale et
les usages de la vie.

D'ailleurs on reconnaît dans l'histoire non contestée de la Grèce, et même dans la chronique des marbres, une foule de coutumes originaires les unes de Perse, les autres de l'Inde ; s'ensuit - il de cette ressemblance, qu'Homère ait été chercher le sujet de ses poésies chez les Perses ou chez les Indiens ?

Revenons aux idées de M. Bryant sur l'état actuel de la plaine de Troye, sur l'existence d'Homère, et sur les vérités historiques que ses poëmes renferment. L'Angleterre vient d'ajouter un ouvrage précieux aux relations topographiques qu'elle possédait déjà sur ces lieux célèbres. M. Morrit, entraîné par un noble enthousiasme, a pensé que les ruines d'Ilium étaient l'autel où le chantre d'Achille recevait le plus digne hommage. Il a visité la plaine de Troye, il a comparé les tableaux du poëte avec la nature dont ils sont encore la copie fidelle.

Et pendant que M. Bryant, dans son délire, bouleversait la Troade, transportait l'île de Ténédos au fond du golfe Adramyti, et la ville de Troye dans les plaines de Memphis, M. Morrit retrouvait le Simoïs et le Scamandre à l'embouchure de l'Hellespont, c'est-à-dire, dans les lieux mêmes qu'ils arrosaient aux tems de la guerre de Troye : car il semblerait que la nature, après avoir dirigé le pinceau sublime d'Homère, a voulu préserver de ses révolutions les contrées que ce grand poëte a décrites.

Après m'être arrêté à quelques objections de M. Bryant, il me reste à démontrer qu'Homère s'est soumis aux règles de la vraisemblance, dans les événemens dont il nous transmet l'histoire.

Quoique divisée en plusieurs Etats, la Grèce était soumise à des lois générales, qu'on invoquait dans de grandes calamités. C'était le danger qui réunissait les Grecs. Mais alors, moins guerriers généreux qu'avanturiers illustres, leurs héros sacrifiaient souvent l'honneur au desir de la renommée. On les vit plus d'une fois s'emparer des trônes qu'ils avaient affermis, ou exiger même une vile récompense, pour des actions dont l'éclat devait les égaler aux dieux. De cette conduite imprudente naissaient les guerres intestines, les alliances et les combats. On voulait résister à un ennemi puissant, on cherchait des appuis; et les secours réciproques qui résultèrent de ces querelles particulières, furent les premières causes de la confédération générale, qui enchaînait déjà entre eux, au tems de la guerre de Troye, tous les peuples de la Grèce.

Avant cette époque, déjà des inimitiés, des jalousies avaient armé leur bras homicide; leur valeur s'était non-seulement déployée contre des peuples, mais encore contre les monstres des forêts et les reptiles venimeux. Des princes se liguèrent pour leur destruction : on en vit même quelques-uns s'honorer de ces entreprises, et les mettre au nombre de leurs plus précieux souvenirs.

Ces confédérations furent très-communes pendant les premiers âges. Celle des Grecs contre les Troyens suivit de près l'entreprise de Jason ; et la gloire dont se couvrirent les Argonautes fut peut-être l'étincelle qui alluma l'incendie d'Ilium. Une jeunesse guerrière, fatiguée d'entendre des louanges qu'elle ne pouvait mériter, s'indignait de ce qu'une longue paix fermait pour elle les champs de la victoire. Cette ardeur pour les combats s'était propagée parmi les Grecs, lorsqu'un événement inattendu fit éclater l'orage qui se préparait sans doute depuis long-tems à fondre sur les Troyens.

Au bruit de l'insulte faite à un de leurs rois, toutes les nations de

la Grèce (1) s'agitèrent comme une
forêt battue par la tempête. L'enthousiasme des siècles héroïques, réveilla
leur courage : à ce noble élans se
joignit encore l'indignation nationale, lorsqu'on aperçut le coupable
au pied d'un trône ennemi. De toutes
parts les peuples accourent pour jurer
la destruction des Troyens, et procla-
mer Agamemnon le ministre de leur
vengeance. On arme des vaisseaux :
de longs préparatifs, en provoquant
l'impatience des soldats, ne font qu'exciter de plus en plus leur courroux.

Cependant on surmonte les obstacles ;
et la flotte des Grecs, conduite par le
destin, aborde au cap Sigée. Cette
armée, pour être formidable à la puissance des Troyens, non - seulement
devait menacer leurs murs, mais même
intercepter les secours qui pouvaient

____

(1) Suivant la belle expression de Barthelemy.

y parvenir : sans cela des attaques continuelles l'eussent exposée au découragement, et n'eussent pas tardé à lui faire abandonner un pays dont le séjour était si difficile. C'est ce que les chefs de la confédération sentirent bientôt. Ils tirèrent de nombreux avantages des diversions. Ce genre de guerre assurait la subsistance du camp, entretenait l'esprit militaire, et présentait l'espoir du pillage à cette multitude qui, dans l'inaction, aurait perdu l'enthousiasme auquel Agamemnon devait le plus grand nombre de ses troupes.

Un passage de l'Iliade donne l'idée des entreprises dont le belliqueux Achille fut alors chargé. « Je me suis « rendu maître de onze villes de terre ; « et douze villes maritimes se sont sou- « mises à mes armes. » Les conquêtes du fils de Thétis devaient être rapides : il serait cependant contre toute vraisemblance, sur-tout d'après ce qu'il

dit lui-même, de les représenter
sans fatigue et sans péril. On y opposa
de vives résistances ; et ce fut ainsi
que les alliés de Priam, en amonce-
lant les ruines d'une puissance abattue,
arrêtèrent en un instant ce torrent, qui
bientôt devait ébranler les remparts
de Troye.

Au commencement de cette guerre,
les peuples alliés de Priam, avant d'ai-
der ce prince de leur secours, voulurent
d'abord défendre leurs habitations ; et
ils ne songèrent à se réunir au vaillant
Hector, qu'après que la guerre eut
dispersé autour d'eux les monumens
de ses exploits.

Dès-lors les combats des deux armées devenus plus importans, appri-
rent à l'Europe et à l'Asie que cette
grande querelle devait se terminer
dans la plaine de Troye.

On sentit bientôt des deux côtés com-
bien il était nécessaire de réunir tous
ses moyens, d'animer les troupes, et

d'exciter leur courage. Cependant on songeait moins à le diriger qu'à lui donner de grands modèles. Les rois se trouvaient dans les rangs des simples guerriers ; la valeur des chefs rassurait ceux à qui le danger pouvait faire peur. Les reproches dont ils accablaient les lâches, les louanges qu'ils prodiguaient aux braves, inspiraient à tous le desir de se distinguer. Quand l'intrépide Hector s'adresse aux alliés de son père, il leur montre leurs villes détruites, leurs épouses chargées de fer, à la disposition d'un jeune guerrier qui va composer ses premiers trophées de leurs dépouilles sanglantes. S'il parle aux soldats troyens, il leur apprend le sort réservé par les Grecs à tous ceux dont ils protègent les jours en défendant leur propre existence. De leur côté, les chefs de l'armée d'Agamemnon opposent tous leurs moyens aux efforts de leurs ennemis, et animent leurs soldats par des dis-

cours que ceux-ci ne peuvent entendre
avec indifférence. Quoi ! n'iraient-ils
montrer aux yeux de leurs compatriotes, que le spectacle honteux d'une
armée vaincue par les Troyens ? Ose-
raient-ils retourner dans leur patrie,
pour exposer à tous les regards, des
blessures causées par le fer ennemi ?
Penseraient-ils donc à voir flétrir en
un moment les lauriers que dix années de travaux et de périls leur firent
moissonner ? A ces considérations
puissantes, on ajoutait le spectacle
douloureux qui allait leur enlever
tout espoir de retour parmi leurs
compatriotes. On leur montrait cette
flotte bientôt embrâsée, et les retranchemens détruits. On indiquait dans
le caractère troyen, le sort que devaient attendre des nations qui avaient
tant fait pour anéantir Priam, son
royaume et ses alliés.

Quels motifs pour exciter les cou-
rages ! quel espoir pour le dieu des

combats ! Qu'on s'étonne ensuite de la haîne qui perpétuait cette guerre, dans un siècle où les passions ont un libre cours, et où il n'existe aucun frein qui les arrête.

D'ailleurs, les Troyens pouvaient-ils consentir à la paix, lorsque les alliés de Priam sacrifiés à une cause personnelle, au crime de Pâris, remplissaient Ilium de leurs clameurs et de leurs plaintes ? N'eût-il pas été de même honteux pour les Grecs, de déployer aux yeux de leurs concitoyens, les articles d'un traité, au lieu de leur rapporter les riches dépouilles d'Ilium ? Oui, sans doute, et après tant d'événemens divers, qui excitèrent ces peuples à la vengeance, il fallait que l'un des deux succombât.

Qu'on ne cherche point dans l'armement des Grecs une invraisemblance contre la guerre dont Homère nous a transmis l'histoire. Quoi qu'en dise M. Bryant, les Grecs ne furent jamais alarmés de l'état de leur flotte. Son dépérissement ne fut jamais sensible; on la voit toujours prête à obéir à la voix des oracles et au commandement des généraux. D'ailleurs, c'était au moyen de leurs vaisseaux que les Grecs pouvaient assurer la subsistance de leur camp. Ils inquiétaient les côtes voisines, en opérant des descentes, dont le but était toujours le ravage des terres et la destruction des villes appartenantes aux alliés de Priam.

Mais ce n'était point exclusivement l'appât des richesses qui décidait ces entreprises; c'était encore la situation de l'armée. Que M. Bryant, si inquiet sur la subsistance des Grecs, suive leurs divers détachemens : il s'assurera que dans les villes détruites ou soumises, ils enlèvent non-seulement des trésors et des esclaves, mais aussi des troupeaux et d'autres provisions.

Achille (1) fait allusion au motif qui
avait souvent dirigé ses courses guer-
rières, lorsqu'il se compare à un oiseau
qui a soin de ses petits, et qui s'expose
à toutes sortes de dangers pour leur
porter la nourriture dont il se prive.
« J'ai essuyé pour les Grecs, des dan-
« gers ; j'ai passé les nuits sans dor-
« mir, et les jours dans le sang et le
« carnage. »

Ces paroles d'Achille ne me paraissent pas laisser de doute sur l'ac-
tivité continuelle des troupes confédé-
rées. Elles répondent sans réplique à
la sollicitude de M. Bryant, sur le ca-
sernement des Grecs durant la saison
rigoureuse. Si, pendant dix années
consécutives, l'armée n'avait eu ses
habitations dans des villes conquises
ou dans l'enceinte de quelques campemens préparés avec soin et intelligence, pourrait-on croire que le bel-

____

(1) Il. l. ix.

liqueux Achille osât rappeler des fatigues et des peines aussi généralement
partagées ?

L'auteur anglais s'abuse de nouveau , en donnant pour unique lien
à la confédération des Grecs, la vengeance de l'insulte faite à Hélène , et
l'espoir de rendre cette femme à son
époux. Il nous prouve qu'il n'a pas
étudié le caractère d'Achille , qu'il
n'a pas entendu ce prince dire à son
ami : « Que les Grecs périssent tous les
« uns par les autres (1) , afin que nous
« ayons la gloire de détruire Ilium. »
De tels sentimens n'agitent jamais les
cœurs accessibles aux passions ordi-
naires. Et lorsqu'on réfléchit au caractère d'Achille , on ne s'étonne plus
que tant de héros aient abandonné
leurs familles , pour venir sur les traces
d'un guerrier aussi illustre , surpasser
des aïeux dont ils avaient entendu

____

(1) Iliad. l. xxi.

vanter les exploits dans leur plus tendre enfance.

Nous voyons par l'histoire de cette époque, qu'on ne négligea rien pour réunir tous les habitans de la Grèce sous les drapeaux d'Agamemnon. Ce ne fut pas assez de rappeler à ces peuples, d'anciennes inimitiés qu'une longue paix avait éteintes, des intérêts qu'ils devaient tous partager: on excita la valeur. L'ambition eut des projets, et l'avidité des espérances. Les guerriers suivirent les drapeaux de la victoire, les rois ceux de l'honneur. Une antipathie nationale, une antique rivalité, mille passions opposées entraînèrent sur leurs pas les nations qu'ils gouvernaient. Si des princes hésitent d'entrer dans la confédération, bientôt des raisons puissantes les y déterminent; c'est la voix de la patrie, c'est l'exemple des souverains, ce sont les ordres des dieux. De leur présence on fait dépendre le sort de Troye, la honte

des Grecs, ou une gloire immortelle.
Dans ces tems héroïques, quel eût été
le guerrier dont l'ame insensible eût
méconnu à-la-fois les intérêts de sa
patrie, la religion des oracles, et cette
générosité dont le cœur d'un grand
homme est l'origine, ainsi que le
domaine ? Celui que des émotions
vives et soudaines n'arrachaient pas
alors à ses foyers, devait paraître
indifférent pour le succès de la guerre,
aux chefs chargés de la terminer. En
effet, ce n'aurait jamais été un tel
homme, qui en obéissant au destin,
eût sacrifié sa vie dans les événemens
multipliés qui contrarièrent si long-
tems les projets du roi des rois.

En vain dissertera-t-on sur l'injure
personnelle qui décida un tel armement, qui fit naître tant de motifs
pour la venger : toutes les hypothèses
qu'on m'opposera ne représenteront
jamais à mes yeux la ruine de Troye,
que comme la vengeance exercée par

la réunion des peuples de l'Europe, sur une nation perfide et inhospitalière.

Quoi ! M. Bryant ose répéter encore aujourd'hui, que c'est une épouse infidelle dont tant de peuples prétendent venger le déshonneur ! Mais est-ce donc ainsi qu'Homère parle de l'épouse de Ménélas ? Cette princesse est-elle dans son poëme sublime un être vil, qui, aux charmes d'une alliance honorable, ose préférer les plaisirs de l'adultère ? Non ! la belle **Hélène** a connu le bonheur à Sparte, et n'éprouve que la honte dans Ilium. Des allarmes se mêlent à ses souvenirs, et la voix du remords étouffe en elle les pensées consolantes qu'on cherche vainement à faire naître dans son ame agitée. C'est ainsi qu'elle s'exprime en parlant à Pâris : « Hélas ! que le « fils de Saturne nous a livrés à un « destin fatal ! Nos noms seront mal- « heureusement célèbres dans tous les

« siècles. » Qui ne connaît ses plaintes si touchantes, à la mort du vaillant Hector ?

Nestor, le plus âgé des souverains de la Grèce (1), justifie l'épouse de Ménélas, lorsqu'il parle ainsi aux troupes rassemblées : « Que personne « ne s'en retourne avant d'avoir eu « pour son partage quelque belle « Troyenne, et avant d'avoir vengé « l'enlèvement d'Hélène, ses soupirs « et ses larmes ».

Je ne m'arrêterai point à différens calculs de M. Bryant sur l'âge d'Hélène : son opinion, résultat du sentiment contradictoire de quelques écrivains postérieurs à Homère, ne peut offrir un argument contre l'authenticité du siége de Troye. Le critique n'est pas plus heureux en élevant des doutes sur la situation de

____

(1) Iliad. l. II.

la flotte grecque ; on ne pourrait les
adopter sans anéantir l'histoire de
cette époque.

Nous voyons en effet que les peuples qui se trouvèrent au siége de
Troye, ne commencèrent à développer
quelques connaissances de navigation
que bien long tems après la prise de
cette ville. Les vaisseaux qui par-
couraient alors les mers , cherchaient
un abri à l'approche du moindre orage,
et ne recommençaient leurs courses
que lorsqu'un vent favorable semblait
les diriger. Aussi les expéditions maritimes périlleuses étaient-elles abandonnées , presqu'exclusivement , aux
pirates et aux gens sans aveu ; plusieurs passages de l'Odyssée nous
l'indiquent. Il fallait aux Grecs quelque événement important pour les en-
gager à surmonter l'aversion que leur
inspirait ce genre de voyages. D'après
tout ce que je viens de dire , il est
donc possible de ne pas s'étonner du

peu de communication de la Grèce
avec l'Asie. En effet, la distance qui
sépare ces deux contrées, semblait
interdire alors entre elles toute espèce
de rapports. Des occasions très-rares
faisaient hasarder des expéditions
nautiques : Agamemnon lui-même
n'en ordonnait que de l'avis de son
conseil, et toujours pour des entreprises aussi nécessaires qu'inévi-
tables.

Quant au projet de recevoir des
vivres de la Grèce, il ne pouvait paraître admissible à ce prince, sur-tout
après les obstacles qu'il avait éprouvés
dans la navigation de sa flotte. D'ailleurs, comment eût-il voulu que les
côtes d'Asie se fussent couvertes de
convois très-lents dans leur marche,
encore plus incertains dans leur arrivée; lorsqu'il espérait en tirer des
pays voisins? Nous voyons en effet,
dans le septième livre de l'Iliade,
qu'un roi allié des Grecs, envoie de

Lemnos un grand nombre de vaisseaux chargés de vin (1). On nous instruit souvent des soins que prenaient les princes de l'armée, pour la nourriture de leurs troupes. Quelques détails même indiquent un ordre remarquable dans la distribution des subsistances, comme la nomination de répartiteurs et de distributeurs de vivres.

Cependant, malgré la difficulté des communications entre la Grèce et l'Asie, les fatigues et les périls d'un eaussi longue route n'interrompirent jamais totalement les rapports qui subsistaient entre ces deux pays. Des secours arrivés successivement au camp d'Agamemnon, des commissions données par les chefs de l'armée entretenaient toujours une correspondance suivie, dont se servaient les Grecs pour

____

(1) Il. l. vII.

tranquilliser l'amitié, consoler leurs familles d'une si longue absence, et les rassurer sur leur sort. Les communications pouvaient être rares, mais elles subsistaient. Lorsque Patrocle, le visage baigné de larmes, se présente devant son ami, les interrogations que celui-ci lui adresse sur la cause de ses pleurs, se reportent sur les êtres dont l'existence peut l'intéresser. « Auriez-vous reçu, lui dit Achille, des nouvelles de Phthie qu'on ne m'eût point apprises? Seriez-vous le seul à en être instruit? Mais, continue-t-il, on m'a assuré que Munetius, fils d'Actor, existe, » etc. Ces diverses demandes du fils de Pelée se rapportent toutes ou à sa famille, ou à ses amis ; et en cherchant à rassurer Patrocle, Achille lui répète ce qu'ils avaient probablement appris l'un et l'autre des Grecs, qui les derniers étaient venus combattre avec leurs compatriotes.

Si les communications entre la Grèce et l'Asie n'étaient pas très-actives, on n'en doit pas conclure que l'armée d'Agamemnon n'ait pu subsister loin de la Grèce ; car ce serait mettre une hypothèse à la place du témoignage positif de l'écrivain qu'on veut interpréter. Outre les expéditions dont l'Iliade renferme les détails, nous voyons encore d'autres courses entreprises par différens chefs des Grecs, entre autres, le voyage d'Ulysse à l'île de Scyros.

Parmi les systêmes qu'ont fait naître les poëmes d'Homère, il n'en est point dont l'histoire de Memnon ne forme une division principale. Ce prince, ainsi que l'armée qu'il conduit au secours de Troye, est devenu un problême historique qui reste encore à résoudre. M. Bryant pénètre dans l'antiquité égyptienne pour en trouver la solution. Je ne me permettrai pas de marcher sur ses traces. Seulement,

afin de détruire l'analogie qu'il entre-
voit entre cette expédition et d'autres
événemens, j'opposerai à ses conjectures l'opinion du savant évêque d'A-
vranches. Memnon, dit Huet, était
fils de Titon et de l'Aurore ; Titon
était frère de Priam, roi de Troye....
Quand les Grecs, continue le même
auteur, ont feint qu'il était fils de
l'Aurore, ils ont voulu faire entendre
qu'il venait de l'orient, suivant une
expression familière aux prophètes
eux-mêmes, qui appelaient les Orien-
taux fils de l'Orient. Le royaume de
la Troade était dans la dépendance
du royaume d'Assyrie. Titon, frère de
Priam, souverain d'Ilium, fut à la
cour de ce roi, où il obtint le gouvernement de la Suziane. Il se maria
dans ce pays, malgré son âge avancé :
et parce que sa femme était d'une
contrée située à l'orient de la Grèce
et de la Troade, les Grecs, amis des
fictions, dirent qu'il avait épousé l'Au-

rore. La guerre de Troye étant sur-
venue, Priam demanda du secours au
roi d'Assyrie, qui lui accorda vingt
mille hommes de pied et deux cents
chariots. Afin de rendre ce secours
plus utile, ce prince voulut le confier
à Memnon, de race troyenne. Il retint
Titon auprès de lui, à cause de son
grand âge.

En parcourant les objections de
M. Bryant, je me suis arrêté à celles
qui présentaient le plus d'intérêt.
Quant à ses différentes remarques sur
des objets particuliers, elles ne sont
point susceptibles d'être réfutées,
encore moins de fixer l'attention.

TROISIÈME PARTIE.

CHAPITRE PREMIER.

*La plaine de Troye, suivant Homère;
et les batailles de l'Iliade expli-
quées.*

Le camp des Grecs s'étendait entre
deux promontoires, qui se trouvaient
sur le rivage de l'Hellespont (1). La
ville de Troye était située sur une éminence (2), au fond d'une plaine fertile (3) : elle était éloignée du rivage

______

(1) Il. xiv. 35. 36.
(2) *Ib.* iii. 305. viii. 499. xii. 115. xiii.
724. xviii. 174. xxiii. 64. 297.
(3) *Ib.* iii. 74. 257. vi. 315. xvi. 461. xxiv.
86. ix. 328. xviii. 67. xxiii. 215.

de la mer (1), et entourée de rochers escarpés (2). Elle n'etait attaquable que du côté de l'Erinéos, ou de la colline des figuiers sauvages (3). Près de cette colline on voyait les jardins de Priam (4) et les sources du Scamandre, dont l'une était chaude et fumante, et dont l'autre était froide en été, comme la neige ou la grêle (5). Le Pergama était un lieu élevé dans la ville, et qui dominait sur la plaine (6). Le tombeau d'Hector, couvert de pierres, devait se trouver dans l'enceinte ou dans les environs de la ville (7). Celui de la courageuse Myrinna était en

---

(1) Il. XVIII. 256.
(2) Odyssée, VIII. 504.
(3) Iliad. VI. 433. XXII. 145.
(4) Il. XXI. 36.
(5) *Ib.* XXII. 148.
(6) *Ib.* IV. 508. VI 512. VII. 20. XXIV. 700.
(7) *Ib.* II. 797.

face, et tout près des murailles (1) :
celui d'Aisyetes était à quelque distance de la ville, et assez à portée du
camp des Grecs, pour que de son
sommet on pût en distinguer les
mouvemens (2). Celui d'Ilus se trouvait sur la route qui conduisait du
camp à la ville (3) : celui qui fut élevé
en commun aux guerriers grecs,
était proche du camp (4). Ceux d'A-
chille, de Patrocle et d'Antiloque,
étaient sur le haut rivage de l'Hellespont (5) : celui d'Ajax était dans la
plaine de Troye (6). Le Throsmos,
qui était sans doute aussi quelque
ancien tombeau, était près des vais-

(1) Il. ii. 811.
(2) *Ib.* 792.
(3) *Ib.* xi. 166. 371.
(4) *Ib.* vii. 337.
(5) Il. vii. 86. xxiii. 125. 255. 256. Odyssée, xxiv. 84.
(6) Odyssée, iii. 109.

seaux (1). La vallée de Thymbra, où les alliés des Troyens étaient campés(2) pendant qu'Hector tenait conseil sur le tombeau d'Ilus, ne pouvait pas être fort éloignée de ce tombeau, et était par conséquent située entre les vaisseaux et la ville.

La belle colline appelée *Callicoloné*, s'étendait en face de la ville, sur les bords du Simoïs (3).

La plaine dans laquelle on voyait tous ces objets remarquables, s'élevait par degrés depuis le rivage de la mer jusqu'à la ville (4), et elle était arrosée par le Simoïs et le Scamandre (5). Le premier de ces deux fleuves était un torrent impétueux qui déracine les

---

(1) Il. x. 160. xi. 56. xx. 3.
(2) *Ib.* x. 430.
(3) *Ib.* xx. 53. 151.
(4) *Ib.* xxiv. 329.
(5) *Ib.* v. 774. vii. 329. xi. 498.

arbres et entraîne les rochers (1). Les
rives de l'autre étaient couvertes de
fleurs ; ses eaux étaient claires et limpides comme le cristal (2). Ces deux
fleuves embrassaient la plaine dans
presque toute son étendue , et réunissaient leurs eaux vers sa partie inférieure (3). C'est entre leurs rives que
se donnèrent les plus terribles combats (4). Le chemin qui conduisait des
portes Scées ou des portes du couchant au rivage de la mer, passait près
du Hêtre , de l'Erinéos, des sources du
Scamandre et du tombeau d'Ilus (5).
Il fallait nécessairement traverser le
Scamandre pour aller de la ville
au camp des Grecs, et pour en revenir (6).

(1) Il. XXI. 308. XII. 23.
(2) *Ib.* XXI. 345.
(3) *Ib.* V. 774.
(4) *Ib.* VI. 4.
(5) *Ib.* XXIV. 349. XXII. 147. X. 415.
(6) *Ib.* XI. 166. 372.

D'après cette esquisse topographique, tracée par Homère lui - même, nous pouvons, il me semble, suivre les guerriers dans tous leurs exploits, et avoir une idée claire des différens mouvemens des deux armées.

La guerre entre les Grecs et les Troyens avait duré neuf années. Les premiers étaient campés dans le voisinage de Troye, lorsque la querelle entre Achille et Agamemnon occasionna une division dans l'armée. Jusqu'alors les Troyens étaient restés dans leur ville, suivant l'avis des vieillards qui prévoyaient les difficultés que les Grecs auraient à vaincre pour en faire le siége : mais encouragés par la retraite d'Achille, dont ils eurent connaissance, ils sortirent enfin de leurs murailles, et allèrent à la rencontre de l'ennemi. Cette sortie des Troyens devait satisfaire la vengeance d'Achille et flatter son orgueil, puisqu'elle était un hommage rendu

à sa valeur. Les deux armées en viennent aux mains et donnent successivement quatre grandes batailles, qui
forment ensemble le principal sujet
de l'Iliade.

Dans le premier de ces combats,
les Grecs occupaient la plaine du Scamandre (1) ; les Troyens la colline
Baticia (2) ; Pâris et Ménélas ne tar-
dent pas à se reconnaître : Hector
provoque entre eux un combat singulier, dont l'issue n'est pas décisive.

Les armées ne pouvaient pas être
alors à une grande distance de la ville,
puisque Priam, accompagné des vieillards, distingue du haut des murs les
chefs des Grecs, dont Hélène lui apprend les noms. Le traître Pandarus
décoche une flèche ; les deux armées
en viennent aux mains (3) : on se

---

(1) Il. II. 467.
(2) *Ib.* II. 811.
(3) *Ib.* IV. 221. 446.

battait dans le voisinage de la ville ,
puisqu'Apollon, du haut du Pergama,
animait les Troyens par ses cris(1). Le
sort du combat reste long-tems indécis : les armées s'avancent et se retirent
alternativement entre les rives du Simoïs et du Scamandre (2). Enfin, Ajax
repousse les Troyens jusqu'aux portes
de la ville : ils s'y rallient à la voix
d'Hector et d'Enée , et font face à
l'ennemi (3). Hector excité par Hélé-
nus, et frappé sans doute du danger
dans lequel il se trouve, a recours
aux dieux. Il entre dans la ville, engage les femmes à implorer la protection de Minerve. Pendant ce tems-
là , Glaucus et Diomède se mesurent
ensemble : au retour d'Hector la bataille recommence ; on propose un
combat singulier entre Ajax et Hector.

---

(1) Il. iv. 507.
(2) *Ib*. vi. 2. 4.
(3) *Ib*, vi. 73.

Enfin , les Troyens se retirent dans leur ville, et les Grecs dans leur camp. C'est ainsi que se termine la première journée (1).

Le lendemain, on convient d'une trève pour brûler les morts, et les Grecs en profitent pour élever un rempart devant leur camp (2).

Au point du jour suivant, on donne une seconde bataille qui est bientôt suivie d'une autre entre la ville et le camp (3). Vers le milieu du jour, une terreur panique s'empare des Grecs ; ils se retirent en désordre (4) : ils reviennent cependant encore une fois à la charge, mais ils sont repoussés, et enfin ils s'enferment dans leurs retranchemens (5) :

____

(1) Il. VII. 1.
(2) *Ib.* VII. 325.
(3) *Ib.* VIII. 60.
(4) *Ib.* VIII. 68.
(5) *Ib.* VIII. 336. 343.

la nuit arrive fort à propos pour eux.

Hector ne fait pas rentrer ses troupes dans la ville, mais il leur fait passer la nuit dans la plaine, sur le bord du fleuve, à quelque distance du camp, et leur ordonne d'allumer des feux. Les Grecs, suivant l'avis de Nestor, veillent aussi, de leur côté, dans cette même nuit. Les Grecs envoient des ambassadeurs à Achille; Ulysse et Diomède sont chargés d'aller à la découverte.

La situation du camp des Troyens, dans cette circonstance, est décrite avec précision.

Hector, avec les chefs des Troyens, tient conseil au tombeau d'Ilus (1). Les auxiliaires dorment; mais les Troyens veillent auprès des feux qu'ils ont allumés (2). Les Lyciens et les Mysiens sont vers la vallée de Thymbra (3), c'est-à-

____

(1) Il. x. 415.
(2) *Ib.* x. 417.
(3) *Ib.* x. 430.

dire , sans doute , à l'aile droite , en
face du poste d'Ajax. Les Cariens et les
Pæoniens sont vers la mer (1) ; c'est-
à-dire , à l'aile gauche , vis - à - vis le
poste d'Achille. Les Thraces , sous
la conduite de Rhesus , devaient être
aux avant-postes et près du camp des
Grecs ; car Ulysse et Diomède , en
suivant les bords du Simoïs , les sur-
prennent les premiers , et reviennent
au point du jour à leur camp, d'où
ils étaient partis long - tems après
minuit.

Le lendemain les Troyens attaquent
le camp des Grecs. Pour bien com-
prendre les différentes actions qui ont
lieu dans le cours de cette journée ,
il est nécessaire de connaître la disposition des vaisseaux et la fortification que les Grecs viennent de construire.

____

(1) Il. x. 428.

Les vaisseaux étaient rangés sur deux lignes, entre les promontoires(1), et ils avaient la poupe tournée vers la terre. Ajax était à l'aile gauche du camp, et Achille, avec les Myrmidons, à la droite. Il ne peut y avoir aucun doute, comme on le démontrera plus particulièrement dans la suite, sur la position des troupes placées aux deux promontoires ; mais il n'est pas facile de déterminer aussi exactement l'ordre de celles qui occupaient l'espace intermédiaire. Il est probable cependant qu'Idoménée, avec les Crétois (2), était à la droite d'Ajax ; que celui-ci était suivi de Nestor avec les Piliens, puis de Menesthée avec les Athéniens, ensuite d'Ulysse avec les Argiens, et enfin d'Achille avec les Myrmidons et les autres Thessaliens.

Cet ordre de bataille jette un grand

---

(1) Il. xiv. 35.
(2) *Ib.* x. 112.

jour sur plusieurs incidens du poëme.

Lorsque Machaon blessé se fait conduire dans la tente de Nestor, Achille est à une telle distance qu'il ne peut le reconnaître. Patrocle, envoyé par Achille pour prendre des informations, et, revenant du poste de Nestor, passe près des vaisseaux d'Ulysse : il y trouve Eurypilus blessé, qui retournait sans doute à l'aile droite où étaient les Thessaliens. Machaon, quoique Thessalien, était conduit dans la tente de Nestor par Nestor lui-même, parce qu'il était sans doute trop affaibli pour gagner l'aile droite. Les vaisseaux d'Ulysse étaient au centre; et lorsqu'il appelait les troupes aux armes, sa voix se faisait entendre aux deux extrémités du camp (1).

L'ordre des vaisseaux, dans le catalogue, paraît avoir du rapport avec la disposition des troupes dans le camp.

-----

(1) Il. XI. 5.

Les Béotiens, en effet, et ceux qui les suivaient, jusqu'aux Salaminiens, commandés par Ajax, appartenaient à l'aile gauche. Les Argiens et ceux qui se trouvaient auprès d'eux, jusqu'aux Crétois, aux Rhodiens et autres insulaires, composaient le centre : les Thessaliens, avec les Myrmidons, formaient l'aile droite.

L'ordre de bataille est un peu différent.

Agamemnon se précipite au milieu des combattans ; et, après avoir dépassé quelques troupes qui ne sont pas nommées, il arrive à Idoménée, qui commandait les Crétois ; puis à Ajax, sous qui les Salaminiens combattaient ; ensuite à Nestor, à Menesthée, à Ulysse, et enfin à Diomède.

Ulysse était tellement éloigné de la partie du camp attaquée par les Troyens, qu'il ne fut point instruit de leur approche (1).

____

(1) Il. iv. 331.

Le camp des Grecs occupait donc, comme on vient de le voir, tout l'espace compris entre les deux promontoires. Comme ils n'avaient point eu de succès dans la première bataille, Nestor, frappé de la valeur d'Hector, et songeant d'ailleurs au vide que la retraite d'Achille laissait dans l'armée, propose de fortifier le camp. Cette précaution avait été jusqu'alors inutile, puisque les Troyens s'étaient tenus enfermés dans leurs murailles.

D'après le peu de tems qu'on mit à construire ce retranchement, on peut juger que cet ouvrage n'était pas d'une grande importance ; mais comme il est le plus ancien modèle de fortification connu, il mérite à ce titre quelque attention. Il était construit en terre, percé de plusieurs portes, et flanqué de tours bâties en pierre et en bois (1). Il devait être assez loin

____

(1) Il. XII. 29. 255.

des vaisseaux, puisqu'il se donne une bataille très meurtrière, dans l'espace même qui les séparait (1). La principale porte par où les Grecs sortent dans la plaine, était à l'aile gauche (2). Ce retranchement était fort peu élevé (3), puisque Sarpédon en atteint les créneaux avec la main. Il était défendu dans toute sa longueur par un fossé profond et garni de palissades, qui lui était immédiatement contigu (4).

Revenons maintenant à l'assaut du camp.

Au point du jour, les Grecs en sortent, et laissent leurs chars derrière eux (5) : les Troyens étaient sur le Throsmos. Le sort de la bataille reste

---

(1) Il. XIII. 136. XIV. 30.
(2) *Ib.* XII. 118. XIII. 326.
(3) *Ib.* XIII. 682. XII. 397.
(4) *Ib.* VII. 341. XII. 54. 63.
(5) *Ib.* XI. 48.

indécis jusqu'au milieu du jour. Alors
les Troyens sont repoussés ; ils s'enfuient à travers la plaine , passent près
du tombeau d'Ilus (1) , près de l'Erinéos (2) , et ne s'arrêtent qu'aux portes
Scées (3). Ici le combat se renouvelle (4), et dure pendant tout le jour.
Agamemnon se distingue par plusieurs
actions d'éclat ; enfin, il est blessé.
Les Troyens alors reprennent courage,
et repoussent les Grecs jusqu'au-delà
du tombeau d'Ilus, où Pâris, en embuscade , blesse Diomède d'un coup
de flèche (5). La bataille devient générale , et s'étend à une grande distance
sur la plaine , puisqu'Hector combat-
tant à l'aile gauche vers le Scamandre,
ne savait rien des succès que Diomède,

---

(1) Il. XI. 166.
(2) *Ib.* XI. 167.
(3) *Ib.* XI. 170.
(4) *Ib.* XI. 211.
(5) *Ib.* XI. 370.

Ulysse et Ajax obtenaient sur les Troyens vers le Simoïs (1). Il vole au secours des siens, et Ajax lui-même est forcé de reculer (2). Les Grecs s'enfuient vers leur camp et s'y renferment. Hector les poursuit, se dispose à les attaquer, à mettre le feu à leurs vaisseaux, et à détruire toute l'armée grecque.

Les Troyens ignoraient comment conduire l'attaque d'un camp retranché. Mais, sur l'avis de Polydamas (3), les chefs descendent de leurs chars, partagent l'infanterie en cinq colonnes, et la mènent vers le retranchement. Asius seul reste sur son char; et jetant les yeux sur la gauche des vaisseaux (4), il observe que la porte par laquelle les Grecs sortaient

---

(1) Il. XI. 498.
(2) *Ib*. XI. 555.
(3) *Ib*. XII. 75.
(4) *Ib*. XII. 119.

de leur camp se trouvait ouverte. Il y fait une attaque, mais sans succès (1). Les autres divisions attaquent sur d'autres points (2) : et comme les colonnes des Troyens étaient au nombre de cinq, on suppose communément que les postes du retranchement étaient au même nombre. La division d'Hector s'attache particulièrement à démolir le rempart autour d'une des portes (3). Sarpédon dirige ses coups vers la partie défendue par Menesthée, le chef des Athéniens (4) : celui-ci appelle à son secours Ajax et Teucer, qui combattaient contre Hector. L'absence de ces deux adversaires, laisse au fils d'Hécube la facilité d'enfoncer la porte

____

(1) Il. XII. 110.

(2) *Ib.* XII. 175.

(3) *Ib.* XII. 291.

(4) *Ib.* XII. 331.

avec un quartier de rocher, et de pénétrer dans le camp (1).

Les Grecs épouvantés se retirent dans leurs vaisseaux. Ici les deux Ajax s'étaient réunis ; ils rallient les fuyards et les ramènent au combat. Cette colonne de Grecs donne la première idée d'une phalange , car les troupes les plus braves commencèrent à serrer les rangs , et attendirent l'approche de l'ennemi (2). Au moyen de cette manœuvre , les Troyens sont promptement repoussés.

Pendant que le combat est le plus acharné parmi les vaisseaux (3) , Idoménée , accompagné de Mérion , passe à l'aile gauche , et fait tête aux troupes d'Asius.

Les Troyens, en même tems, se

____

(1) Il. XII. 445.
(2) *Ib.* XIII. 126.
(3) *Ib.* XIII. 312.

rassemblent de toutes parts au lieu où Hector combattait. Ce guerrier, suivant l'avis de Polydamas, assemble un conseil (1) : il en sort pour aller chercher les chefs les plus braves, avec leurs bataillons (2), et il s'avance avec eux contre Ajax (3).

Hector croyait avoir atteint l'objet de ses vœux, lorsque les généraux grecs, après avoir pansé leurs blessures, reviennent au combat (4). Hector lui-même est blessé, et les Troyens sont repoussés jusqu'au-delà du retranchement (5). Il les rallie, attaque encore une fois le fossé, le franchit, et renouvelle le combat entre les vaisseaux et les tentes (6). Les

(1) Il. xiii. 726.
(2) *Ib.* xiii. 754.
(3) *Ib.* xiii. 789.
(4) *Ib.* xiv. 128. 365. 387.
(5) *Ib.* xv. 1.
(6) *Ib.* xv. 367. 384.

Grecs battus, cherchent un abri derrière le premier rang des vaisseaux ,
et écartent les Troyens à coups de
rames (1). Ajax s'avance hardiment
contre Hector : enfin, celui-ci saisit
la poupe du vaisseau qui avait ap-
porté Protésilas, et y met le feu (2).

Mais ici, le succès des Troyens est
à son terme. Patrocle s'avance à la
tête des Myrmidons , partagés en
cinq colonnes serrées : les Troyens
sont bientôt forcés de battre en retraite (3) ; la déroute se met dans
leurs rangs ; ils prennent la fuite.
Patrocle traverse leur armée , en
arrête une partie, et fait un grand
carnage entre les vaisseaux, le fleuve
et la ville (4). Enivré de sa victoire,

____

(1) Il. xv. 653.
(2) *Ib.* xv. 704. xvi. 124.
(3) *Ib.* xvi. 366.
(4) *Ib.* xvi. 398.

et oubliant les ordres d'Achille, il poursuit les fuyards jusqu'aux murailles de Troye, et tente même l'assaut de la ville (1). Hector ayant fait halte aux portes Scées, fond à son tour sur les Grecs, tue Patrocle, et poursuit les fuyards jusqu'à leur camp. Ils emportent néanmoins le corps de Patrocle (2). Achille se présente sans armes aux Troyens. La seule vue de ce guerrier les arrête ; ils passent la nuit dans la plaine en face du camp(3). Polydamas leur conseille de se retirer dans la ville ; Hector s'y oppose (4). Au point du jour, Achille, revêtu de sa nouvelle armure, sort du camp. Ici se donne la quatrième et dernière bataille. D'abord les deux armées

----

(1) Il. XVI. 698. 710.
(2) *Ib.* XVII. 736.
(3) *Ib.* XVIII. 243.
(4) *Ib.* XVIII. 274.

déploient une valeur égale, mais enfin les Troyens cèdent et fuient vers le Scamandre. Achille les poursuit et les sépare en deux troupes. L'une est assez heureuse pour se sauver dans la ville; l'autre est poussée dans le fleuve. Achille s'approche alors de la ville, où les Troyens étaient déjà entrés; Hector seul reste devant les murailles, et périt de la main d'Achille, près des sources du Scamandre (1).

____

(1) Il. XXII. 147.

CHAPITRE II.

La plaine de Troye, suivant Strabon.

L'AUTORITÉ de Strabon est d'un si grand poids en géographie, qu'il ne faut avoir rien moins que celle d'Homère à lui opposer pour se faire pardonner la hardiesse de le contredire. Cet excellent géographe, ne pouvant parler de la Troade d'après ses propres observations, puisqu'il n'y avait point voyagé, s'en est rapporté au témoignage de Démétrius de Séepsis. « Écou« tons, dit-il, cet homme versé dans « la connaissance de la Troade où il « est né : il nous apprend que le Sca« mandre prend sa source dans le « mont Cotylus , avec le Granique et « l'Æsepus ».

Ce début de Démétrius n'est pas heureux ; il place la source du Scamandre à quinze lieues du rivage de la mer, dans des montagnes impraticables, et nous réduit à la fâcheuse alternative de le trouver en faute, ou de croire qu'Homère nous a trompés quand il nous a dit que les principaux combats des Troyens et des Grecs, se donnaient entre les rives des deux fleuves ; que la ville de Troye était située près des sources du Scamandre, et que les Grecs allaient souvent, dans le même jour, jusqu'au pied des murailles de Troye, et revenaient à leur camp.

Démétrius a donc confondu la source du Simoïs avec celle du Scamandre. Cette erreur aujourd'hui démontrée, et qui devait être générale de son tems, a répandu la confusion dans le tableau qu'il nous laisse de la plaine de Troye, et a égaré les voyageurs modernes qui l'ont pris pour guide.

Strabon, ayant une fois adopté ses observations, a senti la nécessité de les mettre d'accord avec les poëmes d'Homère, et a eu la bonne foi de ne point en dissimuler la difficulté.

C'est sur-tout lorsqu'il est question de retrouver les deux sources chaude et froide du Scamandre, au fond des montagnes escarpées de l'Ida, qu'il manifeste le plus clairement l'embarras où Démétrius le jette.

« Ceci, dit-il, présente de grandes « difficultés. On ne trouve point de « sources : la source du Scamandre « n'est pas là ; elle est dans la mon- « tagne. D'ailleurs, il n'y en a pas « deux : il n'y en a qu'une. Il est donc « probable que la source chaude a dis- « paru », etc.

L'incertitude que Strabon témoigne ici, fixe le degré de confiance qu'il accorde à Démétrius : et dès qu'il n'est pas satisfait lui-même de sa description, non-seulement on est excusable

de ne pas l'adopter, mais il y aurait
encore de la témérité à le faire.

Cependant, quoique Démétrius ait
confondu la source du Simoïs avec
celle du Scamandre, quoiqu'il ne
s'accorde point avec Homère sur la
situation de la ville, et sur d'autres
points importans à l'intelligence de
l'Iliade, il nous a cependant laissé, sur
cette plaine célèbre, quelques détails
propres à confirmer les découvertes
que j'annonce.

« Ici, dit Strabon avec Démétrius,
« deux chaînes de montagnes recour-
« bées se détachent de la grande chaîne
« de l'Ida, et s'étendent vers la mer;
« l'une dans la direction du cap Sigée,
« et l'autre dans celle du cap Rhétée.
« Chacune d'elles forme une ligne
« semi-circulaire : elles comprennent
« dans leur enceinte, la plaine du
« Simoïs, arrosée par ce fleuve, et
« celle du Scamandre. Ces deux parties
« forment un ensemble qui est encore

« appelée la plaine de Troye, et qui
« fut, suivant le poëte, le théâtre du
« plus grand des combats. On y voit
« encore la colline des figuiers sau-
« vages, le tombeau d'Aisyetes, Ba-
« thycia, le monument d'Ilus, le
« Scamandre et le Simoïs, qui, cou-
« lant, l'un d'un côté du cap Sigée,
« l'autre du côté du cap Rhétée, se
« réunissent près de la nouvelle Ilium,
« se jettent ensuite dans la mer près
« du cap Sigée, et forment, avant d'y
« arriver, un marais appelé *Stoma*
« *Limné*, le marais de l'embou-
« chure (1).

« La ville de Rhétée, dit-il ailleurs,
« est située sur une éminence, près de
« laquelle est une plage sablonneuse
« où se trouve l'Aianteium, c'est-à-
« dire, le tombeau et le temple d'Ajax,
« avec sa statue....

---

(1) Géograph. p. 892. éd. d'Amst. 1707.

« . . . . La longueur de la côte qui
« s'étend entre le cap Rhétée et le cap
« Sigée , où est le tombeau d'Achille ,
« est de soixante stades en ligne droite.

« La distance de la nouvelle Ilium
« aux ports des Grecs, est de douze
« stades. Trente stades au - dessus on
« trouve le village des Troyens, où
« l'on croit qu'était autrefois l'an-
« cienne Troye. . . .

« Le tombeau d'Aisyetes , est près
« de la route qui conduit de la nou-
« velle Ilium à Alexandrie (1) . . .

« La partie de la plaine qui s'en-

---

(1) Les ruines que j'ai découvertes près du
village Tchiblak, sont indubitablement celles
de la nouvelle Ilium (*Ilium recens*). Tous les
voyageurs qui m'ont suivi dans la plaine de
Troye, s'accordent sur la situation de cette ville.
En jetant un coup-d'œil sur la carte de la plaine
de Tróye, on voit que le tombeau d'Aisyetes
se trouve en effet sur la route de Tchiblak, aux
ruines d'Alexandria-Troas.

« fonce dans la montagne, forme une
« gorge étroite.... »

La belle colline Callicoloné, et la vallée de Thymbra, font aussi partie de la description de Démétrius. Mais la place que cet écrivain leur assigne n'est pas plus d'accord avec les incidens de l'Iliade, que celle qu'il a fixée aux sources du Scamandre.

Comme la principale erreur de Démétrius, sur ces mêmes sources, paraît avoir égaré M. Wood, et les autres voyageurs modernes qui ont visité la Troade, le professeur Dalzel s'est attaché à rechercher la cause de cette erreur. Il l'attribue, avec toute sorte de vraisemblance, à ce passage du douzième livre de l'Iliade, où le poëte annonçant prophétiquement la destruction du rempart des Grecs par les torrens qui tombent de l'Ida, comprend aussi le Scamandre dans l'énumération qu'il en fait.

Homère n'a pas manqué d'exactitude
en disant que le Scamandre descend
de l'Ida, puisque la colline où il prend
sa source fait partie de la grande chaîne
de cette montagne ; mais Démétrius en
a manqué, en lui donnant une origine
commune avec le Granique et l'Æsepus.

Le savant Barbier pense qu'au tems
de Strabon, l'on avait déjà perdu le
souvenir de la plupart des positions
d'Homère : c'est à cet habile géographe,
l'élève et le digne successeur de Danville, qu'il appartient sur-tout de faire
connaître l'opinion qu'on avait alors
sur les monumens de la Troade.

CHAPITRE III.

La plaine de Troye, suivant d'autres anciens.

LA longue durée de la guerre de Troye n'est pas, comme on sait, une fiction de la poésie ; c'est une vérité de l'histoire. Pendant dix ans les peuples de la Grèce ravagèrent la côte d'Asie et les îles adjacentes. La capitale de la Troade ne fut pas toujours l'objet de leurs combats : ils y revenaient par intervalles ; et ce ne fut que la dernière année qu'ils l'attaquèrent avec leurs forces réunies. Fut-elle prise, ou résista-t-elle à tous les efforts des Grecs, comme quelques historiens l'ont prétendu ? c'est ce que je ne me flatte pas de décider. Ce qu'il y a de certain, c'est que, pendant cette dernière campagne, il périt de part et d'autre un grand nombre de guerriers illustres, auxquels, suivant l'usage, on éleva des monumens au milieu même des batailles.

Le grand intérêt de cette guerre, dut mettre en mouvement la Grèce et l'Asie pendant qu'elle dura. Lorsqu'elle fut terminée, les soldats et les généraux qui en avaient été les auteurs, à leur retour dans leur patrie commune, durent en faire la matière de leurs récits, et l'instrument de leur renommée. L'histoire et la poésie s'emparèrent de ces grands événemens pour les transmettre à la postérité. Bientôt, les guerriers qui avaient péri sous les murs de Troye, partagèrent les honneurs réservés aux dieux ; l'encens fuma sur le tombeau d'Achille, et la plaine de Troye devint un vaste temple où les voyageurs de toutes les nations se faisaient un devoir religieux d'offrir un sacrifice avant d'entrer dans l'Hellespont.

Il me semble voir Homère , abordant, pour la première fois , sur ces rivages fameux, et rendant à l'ombre d'Achille les plus dignes hommages qu'elle ait jamais reçus. Je le vois s'avancer d'un air pensif entre les rives du Simoïs et du Scamandre : son œil embrasse avec avidité tous les objets qui l'entourent ; mille souvenirs l'assiégent à-la-fois ; son imagination s'éveille : le plan de l'Iliade est formé :

Ut ducis implevit visus veneranda vetustas (1).

Hérodote est, je pense, après Homère , le plus ancien auteur qui nous ait parlé de la Troade. Suivant lui , la plaine et les environs de Troye, après la guerre , furent long-tems un sujet de discorde entre les Athéniens et les Mitylénéens. Ceux-ci soutenaient que leurs droits à la possession de la Troade,

---

(1) Lucan, Phars. lib. ix. p. 987.

n'étaient pas moins fondés que ceux des autres Grecs qui avaient contribué avec Ménélas à arracher Hélène de la main des Troyens.

Quand l'armée de Xerxès, dit ailleurs Hérodote, arriva sur les bords du Scamandre, les eaux de ce fleuve, le premier qu'elle eût rencontré depuis son départ de Sardes, ne furent pas suffisantes pour abreuver les hommes et les chevaux. Xerxès monta vers la citadelle de Troye, afin d'observer la situation de la place, et de s'informer des particularités qu'il avait besoin de connaître. Il sacrifia mille bœufs à la Minerve troyenne, et les Mages offrirent des libations aux héros. Dans la nuit qui suivit ces cérémonies, une alarme s'étant répandue dans son camp, aussitôt que le jour vint à paraître, il fit mettre en marche son armée, ayant à sa gauche le cap Rhétée, l'Ophrynium, Dardanus ; et à sa droite, le pays des Gergithes troyens.

L'orateur Eschine fut conduit à Troye par la curiosité. Il allait y chercher les monumens célébrés dans l'Iliade. Un jeune athénien, son compagnon de voyage, par sa conduite légère et imprudente, l'empêcha d'exécuter son projet, et l'exposa même aux plus grands périls. L'avanture qui les obligea tous deux de quitter précipitamment la Troade, est racontée par Eschine lui-même, dans la dixième lettre attribuée à cet orateur.

Alexandre, allant conquérir l'Asie, se rendit au cap Sigée avec soixante vaisseaux. Il dirigea ensuite sa route à travers la plaine, où l'on voyait encore des monumens de l'ancienne ville de Troye. Il considéra, avec la plus grande attention, les restes de tant d'ouvrages héroïques ; et comme il avait une haute admiration pour Achille, dont il se glorifiait d'être descendu , il porta l'enthousiasme pour ce guerrier, jusqu'au point de courir nud avec ses favoris, autour de son tombeau, et d'y placer une couronne. Héphestion couronna de même la sépulture de Patrocle , afin de montrer qu'il occupait la même place dans le cœur d'Alexandre , que Patrocle dans celui d'Achille.

César , digne rival d'Alexandre , et qui l'imita jusques dans sa passion pour Homère , voulut renouveler l'alliance qui l'unissait avec les Troyens. Il leur accorda de nombreux priviléges et les combla de bienfaits. S'il faut en croire l'auteur de la Pharsale , ce guerrier poursuivant Pompée , pénétra dans la Troade pour en visiter les monumens.

Sigœasque petit famœ mirator arenas,
Et Simoentis aquas , et Graio nobile busto
Rhetion, et multùm debentes vatibus umbras(1)*.*

---

(1) Lucan. l. IX. 961.

Marc - Antoine enleva la statue d'Ajax, qui était dans le temple situé près de son tombeau, et la transporta en Egypte ; Auguste la fit ensuite restituer aux Troyens. Julie, fille de cet empereur, manqua, dit-on, de périr en parcourant la plaine de Troye : Agrippa, son époux, se montra fort sensible à cet accident, et en témoigna son indignation aux Troyens.

L'empereur Caracalla (1), qui ne pouvant atteindre à la valeur d'Alexandre, cherchait au moins à imiter ce héros dans ses manières, alla dans la plaine de Troye rendre hommage aux cendres d'Achille, qu'il prenait aussi pour son modèle. Pendant qu'il couronnait de fleurs le tombeau de ce guerrier, Festus, le plus cher de ses affranchis, mourut fort à-propos pour lui fournir l'occasion de répéter la cérémonie des

---

(1) Hérodien, l. iv. p. 69. éd. d'Edimbourg.

funérailles de Patrocle (1). Il lui fit dresser un bûcher; il invoqua les vents; il immola des victimes sans nombre : et comme il était chauve, il excita le rire des spectateurs, au moment où il voulut se couper les cheveux pour les jeter dans les flammes en l'honneur de son ami.

Les deux plus grands géographes de l'antiquité, Pausanias et Strabon, ne voyagèrent point dans la Troade. Le premier en parle sur le rapport d'un certain Mysien qui lui racontait des prodiges sur les ossemens trouvés dans le tombeau d'Ajax : le second, s'appuyant sur le témoignage de Démétrius de Scepsis, contemporain de Cratès et d'Aristarque, a fait une description de la Troade, qui, quoique

____

(1) Hérodien laisse entrevoir que Festus fut empoisonné, pour donner lieu à l'imitation des funérailles de Patrocle.

fautive à beaucoup d'égards, n'en est pas moins la plus complète qui soit parvenue de l'antiquité jusqu'à nous.

On trouve encore beaucoup de fragmens d'ouvrages perdus, qui contenaient la topographie de la Troade. Eustathe parle avec éloge des commentaires d'Apollodore, du livre de Ménégenes, et de celui d'Apollonius.

Tous ces écrivains, si l'on en excepte Strabon, ne nous ont à la vérité laissé, sur la plaine de Troye, que des notions éparses; mais leur témoignage prouve au moins qu'elle attirait encore l'attention des voyageurs, longtems après la fameuse guerre.

Je finissais ici mes recherches sur les auteurs anciens qui ont parlé de la Troade : et je renonçais à l'espérance de pouvoir remplir l'immense lacune que la barbarie du Bas-Empire semble avoir laissée entre le dernier des anciens qui ont prononcé le nom

de cette terre célèbre , et le premier
des modernes qui a tenté de la ressusciter ; lorsque mon estimable ami
d'Ansse de Villoison , l'un des savans
de l'Europe les plus versés dans la connaissance de la Grèce ancienne et moderne, m'a envoyé d'Orléans la notice
suivante , sur l'état de la Troade , au
tems du Bas-Empire. Jamais le savoir
ne vint plus à propos au secours de
l'amitié.

« La Troade , sous les empereurs
Grecs, faisait partie du *Théma* , ou
département militaire , qu'on appelait
Obsequium , et qui était le quatrième.
Constantin Porphyrogénète (1) observe que les peuples qui formaient
ce département , étaient les Bithy-
niens , les Mysiens , les Phrygiens et
les Dardaniens. Ces derniers , ajoute
ce savant prince , s'appellent aussi

____

(1) *De Thematibus orientis et occidentis* ,
p. 9. t. I. *Imperii orientalis* de Banduri.

Troyens : c'est d'eux que vient le nom des châteaux et du bourg des *Dardanelles*. Hieroclès (1) met Dardane, Ilium, Troas, et Scamandre, au nombre des trente villes de la province consulaire de l'Hellespont.

« Le *Scamandre* dont parle Hiéroclès, est l'ancienne ville de *Scamandria* de Pline (2), maintenant nommée *Samandria*, et située à une demi-journée des Dardanelles, c'est-à-dire, des ruines d'Abydos. Léunclavius (3) nous apprend qu'on voyait encore de son tems, quelques restes de *Scamandria;* que les Turcs s'emparèrent de cette ville sous le règne d'Orchan, leur second sultan, et qu'elle avait une

____

(1) In *Synecdemo*, t. I. p. 38. *Imperii orientalis*, et p. 662. éd. Wesseling. *Veter. Itinerarior.*

(2) Liv. v. c. XXXIII.

(3) *Historiœ Musulmanœ*, l. IV. p. 182. éd. 1591. Francofurti, in-folio.

citadelle dont il appelle le comman-
dant *regulum Samandrinum*, et *Sa-
mandriæ regulum* (1).

« Il place les ruines de Troye dans
un endroit auquel il donne le nom
de *Temasalicum regionis Aïdenzici*,
et qu'il soupçonne être le Telmesse
des anciens (2) : et dans l'*Onomasticon
geographicum*, inséré à la fin de son
Histoire musulmane, il dit, à l'article
d'*Aïdenzic* (3), qu'il croit que les
Turcs entendent par ce mot, le pays
au-delà du détroit, la contrée d'A-
bydos, le territoire de cette ville
que les Turcs appellent maintenant
Aïdos (4), ou bien la campagne Ca-
rasienne, qu'il renferme cependant
dans la Carasie, ou dans la province

---

(1) *Historiæ Musulmanæ*, l. IV, p. 183.

(2) *Ib.* l. IV. p. 206.

(3) P. 846.

(4) *Voyez* p. 208. l. IV. *Historiæ Musulmanæ.*

de la Troade. Le même savant observe,
sur le mot de *Carasi-Ili* (1), qu'il met
dans la Carasie, une partie de l'ancienne Mysie, de la Troade, et de la
petite Phrygie, d'après les Turcs, qui
comprennent dans cette contrée les
ruines de Troye, Palæo-Castrum, Abydos, Pergame et Atramyttium.

« Ce *Palaeo Castrum* de la Troade
est la ville que les Turcs nomment
Balikésré. Un pacha y fut exilé en
1444, sous Amurath II (2).

« Il semble que, dans le douzième
siècle, le mont Ida s'appelait *Ivips*,
Ιβιψ, à en juger par són génitif Ιβιβος,
Ivivos, qu'on trouve dans l'*Alexiade*
d'Anne Comnène. Cette princesse rapporte (3) que Monolyque passa un

____

(1) P. 851. *Ib.* in *Onomastico*.

(2) Léunclavius *Histor. Musulm.* l. XIV. p.
564, et dans son *Onomasticon*, à l'article de
Balikésré, p. 848.

(3) Liv. XIV. p. 439.

fleuve que les gens du pays nomment *Varin*, Βαϱηνον, qui descendait d'une montagne appelée *Ivivos*, Ιβιβος, et où plusieurs autres rivières prennent leur source ; telles que le *Scamandre*, l'*Angilocomite*, Αγγιλοκωμιτης, et l'*Ebile*, Εμπηλος; qu'il tourna du côté de Parium, Παϱιον, et d'Abydos, située sur l'Hellespont ; et qu'il prit sa route par Atramytte et Chliare, Χλιαϱων. Dans ce passage, curieux pour la géographie du moyen âge, on voit que l'*Ivivos* est le mont Ida, qu'Homère appelle πολυπιδακος Ιδης, c'est-à-dire, *arrosé par une foule de sources*. Voyez ce que Strabon (1) dit du Scamandre et des autres rivières qui se précipitent du sommet de cette montagne fameuse, et fertilisent la Troade : *Dives solum, quod Xantus ambit, nivibus Idaeis*

______

(1) Liv. XIII. p. 602. et Elien de *Naturâ Animalium*. l. x, ch. XXXVII. p. 335. éd. de M. Schneider.

tumens (1). Aussi Ovide (2) donne-t-il au mont Ida l'épithète d'*humida*.

« Anne Comnène (3) raconte aussi que son père, l'empereur Alexis, avait fait passer des troupes par le Scamandre, pour aller jusqu'à la ville d'Atramytte, et même jusqu'au département militaire, appelé de son tems *Tracesium*, et auparavant l'*Asie mineure*, composé des Lydiens, Maéoniens, Cariens et Ioniens (4). Ces troupes traversèrent-elles la ville, la plaine, ou la prairie du Scamandre, chantée par Homère (5)? Appien parle

------

(1) Sénèque le Tragique, in *Phœnissis*, acte 4, vers 609.

(2) *Metamorphos.* l. X. p. 71.

(3) Anne Comnène, l. XIV. p. 429.

(4) *Voyez* Constantin Porphyrogénète, *de Thematibus orientis et occidentis*, t. I. p. 7 et 8. *Imperii orientalis* de Banduri.

(5) Il. l. II. v. 465 et 467. *Voyez* Strabon, l. XIII. p. 597.

aussi de la plaine du Scamandre, si célèbre dans l'Iliade (1).

« Le grand Constantin, avant de se décider pour l'emplacement de By-zance, avait voulu bâtir, en 329, une ville de son nom, dans la plaine qui est en face de Troye, au-dessus du tombeau d'Ajax, à l'endroit où l'on dit que les Grecs avaient retiré leurs vais-seaux (2). Zonaras (3) assure que cet empereur avait jeté les fondemens de sa nouvelle ville sur le cap Sigée, pro-montoire de la Troade. Ce fut, selon Zosime (4), entre la ville de Troas

---

(1) Appien *de Bellis civilibus*, l. v. ch. 138. t. II, p. 889, de l'excellente édit. de Schweig-haeuser, Leipsick, 1785, in-8°.

(2) *V.* Theophane, in *Chronographiâ*, p. 18.

(3) Annalium ; l. XIII. t. II. p. 6.

(4) Liv. II. ch. XXX. p. 686. *Romanæ His-toriæ scriptorum Græcorum*, ed. Francofurti 1590, in-folio; et p. 152. éd. de M. Reitemeier, Leipsick, 1784, in-8°.

et l'ancienne Ilium. Il éleva même, ajoute Zosime, une partie des murs qui subsistent encore, et qu'on peut voir en allant du côté de l'Hellespont (1).

« Vers le milieu du troisième siècle, sous le règne de l'empereur Caïus Vibius Trebonianus Gallus, les Scythes, c'est-à-dire, les Hérules ou les Goths, passèrent l'Ister ; et à l'exception d'Ilium et de Cysique, ils saccagèrent toute l'Italie, le Couchant, le Levant et l'Asie (2).

« Justinien II, surnommé *Rhi-*

____

(1) *Voyez* Strabon, l. XIII. p. 598, édit. de Paris, 1620, in-folio.

(2) *Voyez* Cedrenus, t. I. p. 258. — Zonaras *Annalium*, l. XII, t. I, p. 628.—Zosime, l. I, ch. XXXIX, p. 645, *Romanæ Historiæ scriptorum Græcorum minorum*, t. III, édit. Francofurti, 1590, in-folio.—Tillemont, *Hist. des Empereurs*, t. III, p. 290. Le Syncelle, p. 383. M. Reitemeier, p. 536, Notar. ad Zosimum.

notmète, s'avança jusqu'à Thessaloni-que, pour faire la guerre aux Escla-vons ; et en ayant soumis plusieurs peuplades, les unes par la force, les autres par des traités, il les fit passer par Abydos, et les établit, en 688, dans le département militaire d'*Obse-quium*, c'est-à-dire, comme nous l'a-vons expliqué plus haut, dans la Bi-thynie, Mysie, Phrygie et Troade. C'est Saint-Nicéphore qui a consigné ce fait remarquable dans son His-toire (1).

« Plus de cinq siècles après, les Arméniens succédèrent aux Escla-vons, et s'établirent en grand nombre aux environs de l'ancienne Troye (2). Nicetas Choniate les appelle les *Armé-niens Troyens* et les *Arméniens de Troye* (3).

(1) P. 24.
(2) Nicetas Choniata in *Balduino*, p. 388.
(3) *Ib.* p. 397.

« Les Arméniens étaient, et sont encore les plus cruels ennemis des Grecs, dont ils cherchaient depuis long-tems à secouer le joug. Enfin, ils crurent en trouver l'occasion favorable, l'an 1204, et ils appelèrent à grands cris, Henri, frère de Baudouin, le premier empereur français de Constantinople. Le prince Henri se rendit à leur invitation pressante, passa dans l'Asie, s'aboucha avec eux dans la ville de Troye, en tira beaucoup de soldats, s'empara du mont Ida, et pénétra, au travers de ses défilés, dans la ville d'Atramytte (1). Il quitta ce séjour en 1205, et partit pour Andri-

______

(1) *Voyez* Nicetas Choniate in *Balduino*, p. 388 et 397. — Geoffroy de Ville - Hardouin, *Conquête de Constantinople*, ch. CLXV, p. 128. — Ducange, *Histoire de Constantinople sous les empereurs français*, l. I, ch. XXIX, p. 22. — Le Beau, *Histoire du Bas-Empire*, t. XXI, p. 55.

nople, avec vingt mille Arméniens de Troye, qui avaient servi sous ses ordres, et qui, pour se soustraire au ressentiment des Grecs, abandonnaient ce pays, où ils n'osaient plus demeurer, et marchaient à la suite du prince Henri, avec toute leur famille (1).

« Il se hâta de porter du secours à son frère l'empereur Baudouin ; et pour arriver plus vîte, il fut contraint de laisser derrière lui les Arméniens, gens de pied, dont la marche était rallentie par un grand attirail de chariots chargés de leurs femmes et de leurs enfans (2). Ces infortunés furent tous tués ou faits prisonniers, par les

---

(1) *Voy.* Nicetas *in Balduino*, p. 397. — Ville-Hardouin, *Conquête de Constantinople*, p. 156, ch. CCI.—Le Beau, *Hist. du Bas-Empire*, p. 83, t XXI.

(2) Ville-Hardouin, p. 157, ch. CCI, de la *conquête de Constantinople*; et Le Beau, p. 83 et 84, t. XXI de *l'Hist. du Bas-Empire*.

2. 8

gens du pays, qui s'étaient réunis pour les attaquer, tandis que le prince Henri était à Rodosto (1).

« Pachymère (2) parle d'une forteresse construite sur le Scamandre , et appelée *Astytzium*, Ασυτζιον, c'est-à-dire, *petite ville* ou *citadelle* , terme diminutif *d'Astie , ville* ou *citadelle*. C'était là où on gardait en toute sûreté les trésors immenses amassés par l'empereur Théodore Lascaris le jeune , mort en 1259. Cet argent n'était pas le sang du pauvre , mais le fruit de la sage économie privée de cet empereur, bien différent de son successeur Michel Paléologue , dont le père , Andronic Paléologue (3) , le *grand Domestique ,*

____

(1) Ville-Hardouin , ch. CCII, p. 158, de la *Conquête de Constantinople* ; et Le Beau, p. 85, t. XXI.

(2) Liv. I. ch. XXIII, t. I. p. 39 et 40.

(3) *Voy.* Pachymère , l. III, ch. XXII, p. 148, t. I.

avait été chargé, ainsi que le César Romain, de la perception et de la répartition des impôts sur les bords du Scamandre.

« Nicéphore Grégoras (1), rapporte, en 1257, que Mytzes, ou plutôt Mytzis, ou Myzis (comme les Grecs prononcent), roi de Bulgarie, ayant été détrôné, alla trouver l'empereur Théodore Lascaris le jeune, qui était alors en Asie, à Nicée, lui remit la place forte et maritime de Mésembrie, et reçut, en échange, quelques terres dans le voisinage de Troye et du Scamandre. Le revenu de ce bien suffit à son entretien; et il y passa le reste de sa vie, avec sa femme et ses enfans.

« Ducange (2) observe très-bien que, selon Pachymère, ce ne fut

_____

(1) *Historiæ*, l. III, c. II, sect. IV, p. 34 et 35, t. I.

(2) Pag. 321 de ses *Familiæ Byzantinæ*.

pas Théodore Lascaris le jeune, mais son successeur Michel Paléologue, qui fit cet échange avec Myzis. Voyez en effet Pachymère (1), qui ajoute que Michel Paléologue, non content d'avoir assuré ce terrein à Myzis, promit encore de donner sa propre fille aînée, Irène, en mariage à Jean, le plus âgé des fils de ce prince malheureux.

« L'empereur lui tint parole ; Pachymère rapporte ensuite (2), que Michel Paléologue envoya chercher Jean, qui vivait dans l'aisance près de Troye et du Scamandre, εκ των κατα Σκαμανδρον Τρωικων, et lui donna la main de sa fille et le titre de roi de Bulgarie. Consultez aussi Nicéphore Grégoras (3), qui raconte ce même fait, que Boivin place à l'année 1277, et qui ajoute que

___

(1) Tom. I, l. v, ch. v, p. 239.

(2) L. vi, ch. v, p. 299, t. i.

(3) *Voy.* Nicéphore Grégoras, liv. v, ch. iii, sect. iii, p. 79, t. i.

Jean avait perdu son père Myzis, lorsque Michel Paléologue le fit venir des environs de Troye, pour épouser Irène, et remonter sur le trône de Bulgarie.

« Pachymère parle d'un certain Machrame (1), qui habitait sur les rives du Scamandre, ou plutôt à Scamandrie, ville dont nous avons parlé plus haut, et qui s'appelait également Σκαμανδρος, selon Hiéroclès, que nous avons cité.

« L'expression de Pachymère, ανα την Σκαμανδρον au lieu de ανα τον, semble plutôt indiquer la ville que le fleuve ; et cette observation peut s'appliquer à plusieurs des passages de la *Bizantine*, où l'on trouve simplement le mot de *Scamandre*, sans article ni épithète

______

(1) Tom. II, l. v, c. XXVI, p. 203. Machramio, Μαχραμιον, est aussi le nom que les Grecs du Bas-Empire donnaient à la ville d'Assus, selon Ducas, *Histor. Byzantin.* p. 188.

qui désigne le genre. Quoi qu'il en soit, Machrame fut obligé de s'enfuir avec beaucoup d'autres compagnons d'infortune, lorsque les Perses (c'est-à-dire les Turcs d'Iconium, la capitale des Seljoucides, qui étaient venus du côté de la Perse), après s'être emparés du mont Ida, vers 1306, dévastèrent la Troade, au point qu'elle resta déserte et abandonnée. Le même Pachymère dit (1) qu'alors plusieurs de ceux qui demeuraient près du Scamandre, se réfugièrent dans le fort Cenchrée, Κεγχρεαις. Les Turcs vinrent assiéger cette forteresse, qui, faute d'eau, fut obligée de se rendre. Ils la pillèrent, y mirent le feu, la réduisirent en cendres, et passèrent presque tous ceux qui s'y trouvaient, au fil de l'épée, à la réserve d'un petit nombre qui eut le bonheur de s'enfuir. Cette

(1) *Ibid.* t. II, l. v, ch. XXVII, p. 306.

citadelle était bâtie sur le bord du Scamandre; et c'est dans cette cruelle prison, comme l'observe Pachymère (1), que Michel Paléologue avait fait enfermer Manuel, fils de Raoul. Etienne de Byzance parle de Cenchrée, ville de la Troade, où l'on disait qu'Homère avait séjourné pour s'instruire à fond des particularités de la guerre de Troye. Quelques-uns même, au rapport de Suidas, prétendaient que c'était la patrie de ce grand poëte (2).

« On voit dans Nicéphore Grégoras (3), que Jean Vatatze, irrité contre Apocauque, s'était rangé du parti de Cantacuzène, en 1345, et se rendit très-redoutable à ses ennemis, parce qu'il tirait de l'Asie des secours considérables, des troupes nombreuses

---

(1) Liv. VI, c. XXIV, p. 331, t. I.

(2) *Voyez* Etienne de Byzance, à l'article Κεγχρεαι, et Suidas, à celui d'Homère.

(3) Tom. II, l. XIV, ch. XI, p. 466.

que le prince Soliman, auquel il venait de donner sa fille en mariage, lui avait envoyées de Troye. C'est probablement le Soliman, fils aîné d'Orchan, celui qui mourut d'une chute de cheval, avant son père, l'an 1360. Un jour qu'il se promenait dans la Carasie, dit Léunclavius (1), il eut la curiosité d'aller voir, pour son plaisir, l'emplacement de l'ancienne Troye. Léunclavius ajoute qu'il contempla, avec admiration, les murs de ces immenses édifices, et cette quantité prodigieuse de marbres, ces ruines d'une ville si florissante avant que les Grecs l'eussent détruite.

« La ville d'Ilium était un évêché. On voit, en 325, la signature d'Orion *iliensis*, c'est-à-dire, évêque d'Ilium, au concile de Nicée (2); et en 347,

____

(1). Liv. IV, p. 206, *Historiæ Musulmanæ.*
(2) P. 318, t. 1. de l'édition des Conciles de Hardouin. Paris, 1715, in-folio.

dans le concile de Sardique , celle de l'Arien Leucadas , *episcopus ab Ilio* (1) ; celle de Theosébius , évêque d'Ilium , dans le concile de Chalcédoine , en 451 (2) , et de *Theosebius Ilii*, dans le *Synodus Romana* , de 218 évêques , sous le pape Symmaque , en 5o3 (3) ; celle de Jean , évêque de la ville d'Ilium , et fondé de procuration d'Euprépius , évêque de l'église métropolitaine de Cyzique : *Johannes , misericordiâ Dei , episcopus Iliorum civitatis , agens vices Euprepii , episcopi Cyzicenorum metropoleos* , au second concile de Constantinople , le cinquième œcuménique , en 553 (4); celle de Πέτρȣ Ιλιαδος, dans le *Pseudosynode* de Photius , en 879 (5). Il se-

____

(1) *Ib.* t. i , p. 682.
(2) *Ib.* t. 11 , p. 370.
(3) P. 988 , t. 11.
(4) P. 202 , t. 111.
(5) P. 213 , t. vi. *Voy.* Le Quien *in Oriente Christiano*, p. 775-778 , t. i.

rait trop long et inutile, de rapporter
ici les noms de plusieurs évêques de la
ville de Troas, qu'on trouve dans les
mêmes actes des Conciles (1).

« Sous le règne de Jean Zimiscès,
un moine de Scamandre, Σκαμανδρηνος,
comme l'appellent les historiens grecs,
Basile, fut élu patriarche de Constantinople en 970, et déposé en 974 (2).

« Léon le diacre, historien grec
manuscrit, cité par le P. Pagi, d'a-
près la version latine inédite de Com-
béfis (3), rapporte de ce Basile, qu'a-
près sa déposition, il fut relégué, par
l'ordre de l'empereur Jean Zimiscès,
dans un monastère que ce patriarche
avait fait construire sur le Scamandre.

---

(1) Le Quien, *ib.* p. 777-780, t. 1.

(2) *Voy.* Zonaras, *Annalium*, l. XVII, p. 209
et 214. — Cedrenus, p. 665. — Joël, *in Chronographiâ*, p. 181.

(3) Sur l'année 975 *Criticæ in Annales
Baronii*, p. 37, t. IV.

« Nous venons de voir les Esclavons, les Arméniens, des fermiers-
généraux, des gardes du trésor impérial, un prince Bulgare, un François,
des calogers, ou moines grecs de
l'ordre de Saint-Basile, un patriarche
grec, des Turcs, etc. figurer les uns
après les autres, sur l'arène ensanglantée où Achille et Hector s'étaient
couverts de gloire. Jamais Calchas ni
Cassandre n'auraient pu prévoir de
pareils successeurs. Il n'a pas tenu au
bon roi Priam que les juifs ne vinssent
à leur tour paraître sur la scène et entrer en lice, pour être les chevaliers de
la belle Hélène ; du moins s'il en faut
croire Constantin Manassés. Aussi
mauvais historien que mauvais poëte,
il nous débite gravement (1), qu'après
la mort d'Hector et des Amazones,
Priam, réduit aux abois, envoya de-

____

(1) *In Compendio Chronico*, p. 28.

mander des troupes auxiliaires à David.
Ce prince, dit Constantin Manassés,
lui refusa du secours ; soit qu'il eût
besoin de tous ses soldats pour soutenir la guerre contre ses ennemis,
soit qu'ayant également en horreur les
Troyens et les Grecs, qui ne connaissaient point le vrai Dieu, il craignît
que les juifs qu'il enverrait à Troye,
ne se laissassent entraîner vers l'idolâ-
trie, pour laquelle ils n'avaient que
trop de penchant. Est-ce là le cas de
dire avec Virgile,

> ... *Si Pergama dextrâ*
> *Defendi possent, etiam hâc defensa fuissent*(1)?

« Exclusivement occupé depuis mon
retour du Levant, d'un long ouvrage
sur la Grèce ancienne et moderne, j'ai
eu la patience de relire quatre fois, la
main à la plume, tous les historiens

------

(1) Ænéid. l. II, p. 291.

grecs qui composent le vaste recueil de la Byzantine ; et je ne me rappelle pas, pour le moment, d'avoir noté dans mes extraits, d'autres particularités relatives à l'état de la Troade dans le moyen âge. Mais j'oubliais de dire dans cette notice, rédigée fort à la hâte, que Libanius nous apprend (1), qu'on trouvait de son tems, au mont Ida, une race d'ours très-courageux, et par conséquent très-recherchés dans les cirques. Celse, homme fort riche, et jaloux de donner un spectacle magnifique et agréable à la ville d'Antioche, envoya Polycarpe au mont Ida, pour y acheter, à tout prix, ces terribles animaux, dont les combats avec les hommes faisaient les plus grands délices des Antiochiens. Ils passaient la nuit, couchés sur des pierres, pour être à portée de jouir le lendemain de cet

____

(1) Epître 1454, p. 665, éd. de Wolfius.

horrible divertissement, qu'ils préfé-
raient à tous les autres amusemens
du théâtre, et même aux courses des
chevaux (1). Le sophiste Libanius s'in-
téressait fortement au succès de la
commission de Polycarpe, et écrit à
son ami Césaire pour le prier instam-
ment de faciliter cette acquisition importante. Il le remercie d'avance (2)
du vif plaisir que lui causera cette belle
emplette, ainsi qu'aux habitans des
dix-sept villes voisines, qui devaient
accourir en foule pour prendre part
à cette fête dispendieuse. Il observe à
son ami (3), que c'est une occasion
unique de témoigner sa reconnaissance
à la ville d'Antioche, qui avait orné
son esprit, et l'avait formé à l'étude

------

(1) Libanius, *ib. Voy.* et Ep. 219 et 220, p.
104 et 105 ; et *contra Tisamenum*, t. II, p. 252.
éd. Reisk.

(2) *Ib.* p. 666.

(3) Libanius, p. 665.

de l'éloquence et des belles-lettres.
(*Humaniores litterae*) !

« Mélèce, dans sa géographie ancienne et moderne, imprimée à Venise en grec vulgaire, l'an 1728, in-
folio, rapporte (1) que Troas-Alexan-
dria est maintenant ruinée, et s'appelle
aujourd'hui en grec, *Troade*, Τρωάδα,
et en turc, *Eski Stamboli*; et qu'on
trouve après cette ville de Troade, ou
Palaeopolis, *Iné*, Εινε, Comopolis,
Castaboli, et ensuite le cap Actasi,
Actasi Cavo, Ακτασι Καβω, puis le cap
Touzlas, *Touzlas Cavo*, Τουζλας Καβο,
et près delà, le promontoire de Lécte,
nommé par les Turcs *Baba Bornou*,
et à peu de distance, un autre promontoire, auquel ils donnent le nom
de *Deve Bornou*. Le golfe d'Adra-
mytte, ajoute ce géographe récent,
mort en 1714, commence au promon-

---

(1) Pag. 455.

toire Lécte, s'appelle *Idéen*, du nom
de la montagne, et en turc, *Kasdahli*.
Ismaël Bouillaud dit que la ville d'A-
dramytte se nomme maintenant *Lan-
drimytti* (1). Mélèce pense que le cap
de *Deve Bornou* est le même que celui
d'Iargan. Il est inutile d'avertir que j'ai
constamment suivi la prononciation
des Grecs modernes, qui peut bien
n'être pas celle d'Homère, mais qui
est au moins antérieure au siècle d'Auguste.

« Le savant auteur d'un ouvrage qui
vient de paraître sur *les anciens gou-
vernemens fédératifs, et sur la légis-
lation de Crète* (2), observe, d'après
Hérodote (3), que les villes éoliennes
du mont Ida, n'entraient point dans
l'association qu'avaient formée dans

---

(1) Pag. 264, *Rotar. in Ducam*.
(2) Paris, au 7, in-8°. p. 156.
(3) Hérodot. l. I, ch. CLI, p. 73. éd. Wesseling.

l'Asie, onze autres villes éoliennes du continent, et cinq de l'île de Lesbos, et qu'elles ne faisaient point corps avec elles.

« Je m'imagine bien qu'on ne s'avisera pas d'aller chercher dans le Scamandre, la plante siliqueuse, le *sistre*, qui, selon les faux Aristote (1) et Plutarque (2), ressemble aux pois chiches, et a la vertu de mettre à l'abri de la crainte des spectres et des fantômes, ceux qui la tiennent dans la main.

« Tout le monde connaît ces vers de Lucrèce (3), qui dit que du sommet du

---

(1) *De mirabilibus auscultationibus*, c. 171, p. 344 et 345, de l'éd. du savant M. Beckmann. Gottingue, 1786, in-4º. Voyez la note de cet habile éditeur.

(2) Plutarque, *de Fluminibus*, p. 1155. t. 11.

(3) Lucrèce, l. v, v. 662. Lambin, à cette occasion, a rapproché un passage de Diodore de Sicile, l. xvii, p. 165, t. 11, éd. de Wesse-

mont Ida, l'on voit, dès l'aube du jour, des feux épars se réunir sous la forme d'un globe éclatant :

— Idœis fama est è montibus altis
Dispersos ignes orienti lumine cerni :
Indè coire globum quasi in unum, et conficere
orbem.

« Je n'ai point cru devoir rapporter l'étymologie d'Aristote, d'Antigonus Carystius, d'Elien et de Pline (1) qui s'accordent à dire qu'Homère a prêté

---

ling, p. 464 de ses notes sur son édition de Lucrèce. Paris, 1570, in-4°. *Voyez* la remarque de Wesseling, qui indique Pomponius Mela, l. II, ch. XVII.

(1) Aristote, *de Naturâ animalium*, l. III, c. XII, p. 253, t. II, éd. de Duval. Paris, 1654, in-fol. —Antigonus Carystius, *Historiarum mirabilium*, ch. LXXXIV, p. 131, éd. de M. Beckmann. —Elien, *de Naturâ animalium*, l. VIII, c. XXI, p. 269, éd. de M. Schneider. Leipsick, in-8°. —Pline, l. II, c. CIII.

au Scamandre le nom de *Xante*, c'est-à-dire, *Roux*, en grec, parce que les eaux de ce fleuve donnent la couleur fauve aux brebis qui viennent s'y abreuver.

« Polyen (1) raconte qu'Agnon, qui établit une colonie Athénienne sur les rives du Strymon, envoya des gens à Troye, pour déterrer, la nuit, le corps de Rhésus ; qu'ils emportèrent ses os dans une chlamyde de pourpre, et les remirent dans cet état à Agnon, qui les fit enterrer sur les bords du Strymon.

« Les Troyens qui se fixèrent en Sardaigne, après la destruction de leur patrie, conservèrent le nom d'Ιλιεις, et d'*Ilienses* (2).

---

(1) Polyen, *Stratagem.*, l. VI, ch. LIII, p. 599 et 600, éd. de Maasvicius, t. II. Leyde, 1690, in-8.

(2) *Voy.* la note de Drakenborch, sur le 362e vers du 12e liv. de Silius Italicus, et les passages de Pausanias ; et du 19e chapitre du 40e livre de

« Il y avait à Rome une espèce de danse à cheval, qu'on appelait *Troja* (1). C'était un des exercices des jeunes patriciens ; et il ne faut pas confondre la *Troja* avec la *Pyrrique*, dont les Albanois nous retracent encore aujourd'hui l'image.

« Les habitans d'Ilium étaient Eoliens

Tite Live, qu'il cite p. 609 de son édit. de Silius Italicus. Utrecht, 1717, in-4°. ; et sa note, p, 469, t. v, sur le chap. 19, l. XL de Tite-Live ; et le même historien, l. XLI, ch. x, p. 562, t. v, et ch. XVI, p. 577.

(1) *Voy.* Meursius, sur le vers 249 de Lycophron, et sur-tout dans son *Orchestra, sive de saltationibus veterum*, à l'article de Πυρριχη, p. 1285, t. VIII du *Thesaurus græcarum antiquitatum* de Gronovius, éd. de Venise, 1753, in-fol. Sueton. *in Cæsare*, ch. XXXIX, p. 91, t. I, edit. Petri Burmanni. Amstelædami, 1737, in-4°. Et *in Augusto*, ch. XLIII, p. 319 ; *in Tiberio*, ch. VI, p. 496 ; *in Claudio*, chap. XXI, p. 755, t. I ; *in Nerone*, ch. 7, p. 14, t. II, etc. etc.

du tems de Pausanias (1). Ils rendaient un culte à Hector, leur compatriote et leur défenseur, et à Hélène, qui était la cause de tous leurs maux ; mais ils ne voulaient pas entendre parler de Ménélas (2), en l'honneur duquel les Lacédémoniens offraient des sacrifices et célébraient des fêtes. Aussi Hector est-il représenté sur plusieurs médailles d'Ilium, ainsi que le fleuve Scamandre, qui tient de la main gauche la corne d'abondance, et de la droite, la plante appelée *sistre*, dont nous avons parlé plus haut (3).

(1) Pausanias, l. VIII, ch. XII, p. 625, éd. de Kuhn.

(2) Athenagoras, *in Deprecatione pro Christianis*, p. 3, 4 et 79, édit. Lindner. Longosalissæ, 1774, in-8º. ; et p. 3 et 50, éd. Dechair, Oxoniæ, 1706, in-8º.

(3) P. 109. *Voy.* Vaillant, p. 351 *Numismatum imperatorum à populis Græcè loquentibus percussorum.* Amstelædami, 1700, in-fol. H.

« Je laisse à mon ami Lechevalier le soin de rapporter les antiquités, et de tracer l'histoire de la Troade avant

---

cite le faux Plutarque *de Fluviis*, qu'on peut consulter, ainsi que la note de Maussac, t. **x**, p. 760, éd. de Reiske. Lipsiæ, 1778, in 8°. Les anciens célébraient leurs fleuves, comme des divinités bienfaisantes. Je n'en donnerai pour preuve qu'une inscription inédite et rimée, que j'ai trouvée sur une colonne enduite de vernis, dans la Mosquée du grand et superbe village de Bournaba, proche de Smyrne :

ΥΜΝΩ ΘΕΟΝ
ΜΕΛΗΤΑ ΠΟΤΑΜΟΝ
ΤΟΝ ΣΩΤΗΡΑ ΜΟΥ
ΠΑΝΤΟΣ ΔΕ ΛΟΙΜΟΥ
ΚΑΙ ΚΑΚΟΥ
ΠΕΠΑΥΜΕΝΟΥ.

C'est-à-dire : « Je célèbre le dieu Mélès, ce fleuve qui a été mon sauveur, maintenant que la peste et toutes les calamités ont cessé ». Bournaba est situé près de Chagilar, et de Narlikioi, c'est-à-dire, *le village des Grenades*. On admire une forêt délicieuse de grenadiers dans les environs

le Bas - Empire ; mais je ne puis pas résister à la tentation d'en citer deux traits fort remarquables, et qui font époque dans les annales de Troye.

« L'an 538 de la fondation de Rome, les Galates, dit Polybe (1), vinrent assiéger Ilium. Les habitans d'Alexandria-Troas envoyèrent au secours de

---

de ce village enchanteur : et c'est ce qui lui a fait donner son nom en turc, comme autrefois on appelait Sidous, un village du territoire de Corinthe, et tous les endroits qui produisaient des grenades en abondance. *Voy.* Spanheim *de usu et præstantiâ numismatum Dissert. sext.* p. 317, et 323, t. I. in-fol. éd. d'Amst. 1717. Je serais donc tenté de croire que *Narlikeui,* ou *Narlikioi,* est l'ancienne *Sidous,* bourg de l'Ionie, dont parle Etienne de Byzance. *Sida,* en Béotien, signifie *Grenade. Voy.* Athénée, l. XIV, p. 650 et 651 ; et Bochart, *in Phaleg.* liv. IV, ch. XXXII, col. 291 , t. I.

(1) Polybe, liv. V, ch. III, p. 450, t. II de l'excellente éd. de Schweighaeuser.

cette ville, Themiste avec quatre mille hommes, forcèrent les Galates de lever le siége, et chassèrent ces barbares de toute la Troade.

« Polybe nous apprend (1) qu'Attale, avant de s'en retourner à Pergame, l'an 536 de la fondation de Rome, exprima sa reconnaissance aux habitans de Lampsaque, d'Alexandria-Troas et d'Ilium, qui lui étaient restés constamment fidèles. Est-ce par suite de l'attachement inviolable des Troyens ou des Iliens, pour Attale, qu'ils appelèrent *Attalis* une de leurs tribus, comme on le voit dans une inscription de la Troade, trouvée par mon ami Lechevalier ? On y lit H ΑΤΤΑΛΙΣ ΦΙ.... c'est-à-dire, ΦΥΛΗ. C'est ainsi que dans une autre inscription du même pays, et rapportée par le même, ΦΙΛΗΣ, ΦΙΛΗΝ,

____

(1) Polybe, l. v, ch. LXXVIII, p. 384, t. II de l'édition du savant Schweighaeuser.

ΦΙΛΑΡΧΑΙ, et ΦΙΛΑΡΧΩΝ, sont mis pour ΦΥΛΗΣ, ΦΥΛΗΝ, ΦΥΛΑΡΧΑΙ et ΦΥΛΑΡΧΩΝ, *tribus* et *chefs de tribus.* Mais peut-être dans la première inscription s'agit-il de la tribu *Attalis* d'Athènes, et dans la seconde, qui est très-fruste, de l'attention flatteuse des Troyens ou Iliens, qui ont pu, à l'exemple des Byzantins, envoyer à Athènes, des députés vers ce prince, pour sacrifier avec lui aux Jeux de Minerve (1). Les Athéniens renchérirent sur les Byzantins, et rendirent à ce roi de Pergame des honneurs plus grands qu'à tous leurs bienfaiteurs précédens ; et entre autres, ils donnèrent son nom à

---

(1) *Voy.* Polybe, l. IV, ch. XLIX, p. 119 et 120, t. II. Dans cette dernière inscription il est parlé deux fois du ΤΩ ΠΑΝΑΘΗΝΑΙΩ, (qui veut dire la *Fête* et les *Jeux* de Minerve, selon Hesychius sur ce mot) et des *dépenses des sacrifices faits aux frais du roi*, peut être d'Attale, ou de l'empereur.

l'une de leurs tribus, l'an 554 de la fondation de Rome (1).

« Plus dangereux que les Galates, et plus cruels que les Grecs, les Romains détruisirent de fond en comble Ilium, qu'ils regardaient comme leur berceau. Le plus scélérat et le plus féroce satellite de la faction de Marius, ou plutôt de Cinna, Fimbria (2) irrité

---

(1) *Voy.* Polybe, l. XVI, ch. XXV, p. 619, t. III; Pausanias, l. I, ch. V, p. 14, et ch. VIII, p. 19. Hesychius, et la note d'Alberti ; Etienne de Byzance, et Meursius *de populis Atticæ*, p. 696, t. IV. *Thesauri græcarum Antiquitatum* de Gronovius, éd. de Venise, 1722, sur le mot Ἀπολλωνιεῖς; Etienne de Byzance, sur les mots Ἀτταλίς, Βερενικίδαι, et Ἀγυας; et Meursius *de populis Atticæ*, ibid. p. 682, t. IV sur Ἀγυας.

(2) S. Augustin *de civitate Dei*, l. III, ch. VII, p. 50, t. VII. éd. d'Anvers, 1700, in-folio. *Voy.* sur ce passage les notes de Louis de Vivés, p. 281 et suiv., t. I de l'éd. de la Cité de Dieu, *cum commentariis Johannis Ludovici Vivis*;

contre les habitans d'Ilium, qui avaient
témoigné de l'attachement pour le
parti de Sylla, s'empara de leur ville,
la mit à feu et à sang, passa tous les
Iliens au fil de l'épée, ou les fit périr
dans les flammes. Il commença par
publier une ordonnance pour défendre
de faire grace à aucun des citoyens de
cette ville infortunée. Je trouve cette
dernière particularité dans Saint-Au-
gustin qui avait sous les yeux, et
cite le quatre-vingt-troisième livre de
Tite-Live, dont nous n'avons plus que
l'*Epitome* (1). Les ordres de Fimbria

---

et Leonh. Coquei. Francofurt. 1661, in-4°.
Aurelius Victor *de viris illustribus*, ch. LXX,
p. 260, éd Arntzen. Amstelædami, 1733, in-4.o
et p. 231, ed. Pitisci, Trajecti ad Rhenum, 1696,
in-8o. Paul Orose, *Historiarum*, l. VI, ch. II,
p. 372, éd. d'Havercamp. Leyde, 1767, in-4.o

(1) *Epitome Livii*, l. LXXXIII, p. 267, t. VI,
éd. de Drakenborch. *Voyez* les Supplémens de
Freinshemius, *ibid.* p. 269 et 270.

furent exécutés dans toute leur rigueur ; on n'épargna personne : on ne
respecta aucun édifice public, ni particulier, aucune statue des dieux,
aucun lieu sacré ; on brûla même avec
le temple de Minerve, ceux qui s'y
étaient réfugiés (1). Quelques auteurs
rapportaient qu'on avait ensuite retrouvé la fameuse statue de Minerve,
le Palladium tombé du ciel, parmi les
décombres et les ruines des murailles
du temple de Minerve ; et que ce fut
un gage du rétablissement de cette
ville, un motif d'espérance pour ses
malheureux habitans : mais l'opinion
la plus commune est qu'Ulysse et
Diomède l'avaient déjà enlevé dans le
siége de Troye (2). Dion Cassius se

____

(1) Appien, *de bello Mithridatico*, ch. LIII,
p. 717, t. I de l'excellente éd. de Schweighaeuser.
Leipsick, 1785, in-8°.

(2) Junius Obsequens, *de prodigiis*, ch. CXVI,
p. 191 et 192, ed. Joh. Kappii, Curiæ Regni-
tianæ, 1772, in-8. Tite-Live, cité par S.-August.

contente de dire (1) que Fimbria brûla
presque toute la ville ; Appien ajoute (2)

---

p. 50, t. VII, éd. d'Anvers , 1700, et Appien ,
p. 717, vol. II. de l'éd. de Ieipsick, où il se sert
de l'expression de το της Αθηνας εδος, c'est-à dire,
Minervæ simulachrum, que Freinshemius a mal
traduit par *sedem*. Le mot εδος signifie, dans ce
passage, *simulachrum*, statue. *Voy.* Strabon,
l. VI, p. 264, éd. de Paris, 1620, in-fol. Ser-
vius, sur le 166e vers du second livre de l'Enéide,
dit que, selon quelques auteurs, les Troyens
voyant que la ruine de leur ville était inévitable,
cachèrent le Palladium dans une muraille, et
qu'ensuite Fimbria le découvrit dans la guerre
de Mithridate, et le transporta à Rome. Freinshemius n'a point fait usage, dans ses supplémens, du fragment de Tite-Live, qui nous a été
conservé par S.-Augustin; et Debrosses, p. 60
et suivantes du second tome de son *Histoire de
la République Romaine dans le cours du septième siècle, par Salluste*, Dijon, 1777, in-4.º,
ne s'est servi que des passages indiqués par
Freinshemius.

(1) *In Fragmentis*, t. I, p. 52. éd. de Reimar.
(2) Pag. 717, t. I.

que le lendemain il fit le tour d'Ilion,
examina soigneusement s'il ne restait
pas encore sur pied quelque édifice qui
eût échappé à sa fureur, afin d'achever
de le détruire , et qu'il fit abattre les
murs. Cet événement arriva l'an 667
de la fondation de Rome , selon Freinshemius, ou plutôt l'an 669 , suivant le
savant Schweighaeuser.

« D'après le récit de St.-Augustin (1),
il semblerait qu'aucun des habitans
d'Ilium ne put échapper au fer et au
feu ; mais Dion Cassius (2) et Appien (3) disent seulement qu'il mas-
sacra tous ceux qu'il put rencontrer,
et qui tombèrent sous ses mains.
Plusieurs se sauvèrent, puisque Sylla
qui rétablit depuis, en 670, la ville
d'Ilium (4), accorda de grands privi-

---

(1) Page 50 , t. 7, éd. d'Anvers.
(2) Tom. 1 , p. 52 , éd. de Reimar.
(3) P. 717 , vol. 1.
(4) Paul Orose , l. VI, ch. 11 , p. 372.

lèges à ses habitans (1), et leur en fit obtenir la confirmation l'an 673; et c'est à cette année que commença la nouvelle ère des Iliens, qui voulurent donner cette marque de reconnaissance à leur bienfaiteur (2).

« Debrosses (3) observe que Sylla fut fort affligé de la destruction d'Ilium, et laissa des ordres avant de partir,

---

(1) Appien, ch. LXI, p. 730. *Voy.* Strabon, l. XIII, p 594. éd. Lutet, 1620; et sur les trois siéges d'Ilium. Plutarque, vie de Sertorius, p. 568, t. 1, éd. de Francfort, 1620, in-fol. et p. 507 et 508, t. III, éd. de Reiske. Leipsick, 1775, in-8°; la note de Reimar, p. 52, t. 1. éd. de Dion Cassius. Hambourg, 1750. in-folio. Polyen *Stratagem.*, l. III, ch. XIV, p. 304 et 305, éd. Maasvic. Leyde, 1690, in-8°.

(2) Vaillant, p. 273 *Numismatum imperatorum à populis græce loquentibus percussorum.* Amstelædami, 1700, in-fol.

(3) Pag. 61, t. II de sa savante *Histoire de la Republique Romaine, dans le cours du septième siècle, par Salluste.*

pour la réparer. Ainsi, ajoute-t-il,
tous les bâtimens qu'on y a vus depuis,
et que quelques voyageurs ont cru
pouvoir être des restes de l'ancienne
Troye, ne peuvent avoir été construits
qu'après la seconde ruine de la ville.
Ce savant cite à ce sujet Grelot, qui,
dans son excellente *Relation d'un
voyage de Constantinople* (1), observe
que toutes les ruines qu'on voit maintenant à Troye, pourraient bien être
postérieures à celles de son incendie,
puisque des empereurs romains, et
entre autres Auguste, y ont envoyé des
colonies, et y ont voulu rebâtir une
nouvelle Troye, pour lui rendre ce
qu'elle avait donné à Rome. L'ingénieux président Debrosses, qui était
profondément versé dans l'Histoire
Romaine, et auquel il ne manquait
que l'intelligence de la langue grecque,

---

(1) Edit. de Paris, 1680, in-4°. p. 7.

fait aussi cette remarque curieuse (1).
La langue phrygienne, sortie de l'Eu-
ropéen sauvage, et probablement peu
différente du grec pélasgique, ou
sauvage, n'était pourtant vraisembla-
blement pas celle des Troyens, race
grecque sortie de Dardanus, et étran-
gère en Phrygie, d'où ils avaient chassé
la race phrygienne de Tantale qui, à
son tour, envahit la Grèce, et s'établit
dans le Péloponèse. Celle-ci étant devenue puissante, arma pour revenir
en Phrygie, reprendre son propre bien,
qui était la ville de Troye ; tellement
que lors du fameux siége de cette
ville, elle était défendue par une race
grecque, et fut prise par une race
phrygienne. C'est une singularité qu'il
ne faut pas perdre de vue, et qui, en
montrant que le langage troyen devait
être le langage hellénique, si mêlangé

----

(1) Pag. 27, not. 8, t. III, *Histoire de la*
République Romaine.

2. 10

dans la langue latine, répond en partie aux objections de Bochart (1).

« Je n'ai point été dans la Troade; je n'ai aperçu cette riante contrée que du haut d'une éminence située près du château de la ville de Ténédos, et où il régnait, le 22 mars 1785, un vent affreux, et comparable aux plus violens que j'aie sentis en Allemagne. Dans l'île de Mycono on bâtit avec les ruines de Délos ; à Ténédos, c'est avec celles de la Troade. Je vis près du port de la ville de Ténédos, un ancien sépulcre de la Troade, que les Turcs avaient transporté pour servir de fontaine ; et j'ai retrouvé sur ce monument, l'inscription grecque publiée par le savant M. Chandler (2). Plus

_____

(1) *Voy.* la lettre de Bochart à son ami Segrais, *de quœstione*, num. *Æneas unquam fuerit in Italiâ*, p. 1151 et seqq., t. 1 de ses œuvres, éd. de Leyde, 1692, in-folio.

(2) M. Chandler, *Inscription. Antiq.* Oxonii, 1774, in-fol. no. 4, p. 4.

loin, dans la place publique, je trouvai
encore d'autres tombeaux de la Troade,
qui étaient consacrés au même usage,
mais qui n'avaient point d'inscription.
J'observai dans toute l'île, et même
à l'entrée du port, une foule de colonnes brisées, faites avec le granit
de la Troade ; des vases antiques méta-
morphosés en abreuvoirs ; beaucoup
d'anciens marbres employés à la construction des cheminées. On sait que
dans les guerres civiles de l'Angleterre, les marbres qui contiennent la
chronique de Paros, le plus précieux
monument de la chronologie ancienne,
éprouvèrent en partie le même sort (1).
J'allai exprès à Ténédos chez un Turc,
tailleur de pierres, qui brisait les sar-
cophages et les inscriptions de la
Troade, pour en faire des tombeaux

____

(1) *Voy.* M. Chandler, p. 2 et 3 de la préface de sa superbe édition des *Marmora Oxo-
niensia.* Oxonii, 1763, in-fol.

qu'il vendait aux personnes de sa religion. Une partie considérable des
monumens de ce pays classique avait
été déjà enlevée par les ordres du fameux capitan-pacha, *Hassan-Pacha,
il Gazi*, qui fit faire des boulets avec
les plus beaux marbres des environs
des Dardanelles, et en préféra l'usage
à celui du fer pour les grosses pièces
d'artillerie (1). C'est ainsi qu'à Athènes,

---

(1) Je ne puis me dispenser de payer un juste
tribut de reconnaissance à la mémoire de ce
héros qui m'a comblé de bontés. C'est à sa
puissante protection que je dois en partie le
succès de mes recherches littéraires dans le Levant. Tandis que le feu patriarche de Constantinople, Gabriel, m'ouvrait, par ses lettres, les
portes des couvents et des bibliothèques du
mont Athos, de Pathmos, d'Amorgos, et de
trente-deux autres îles, le capitan-pacha appla-
nissait les difficultés, et écartait les obstacles
et les dangers qui s'offrent à chaque instant
sous les pas des voyageurs en Grèce, et dans
l'Archipel. Je tiens de cet amiral une particu-

je n'ai retrouvé ni l'Ilyssus, ni son pont
de marbre : ce fleuve célèbre était à sec
dans l'été, lorsque j'y passai ; et le
Vaivode venait de prendre le pont,
ainsi qu'une partie du pavé du temple

larité curieuse, que je n'ai trouvée dans aucune
relation. Un jour qu'il me montrait, dans le plus
grand détail, la superbe maison qu'il avait fait
bâtir sur le bord de la mer, il me fit remarquer
les deux portes par lesquelles le grand-seigneur
entrait et sortait, lorsqu'il le venait voir; ce qui
arrivait fréquemment. Dans toute maison propre
à recevoir Sa Hautesse, il faut toujours placer,
ajouta-t-il, deux portes opposées, l'une d'entrée,
l'autre de sortie, parce que le sultan ne peut
jamais retourner sur ses pas. Le favori et le
drogman du capitan-pacha, Maurogeni, depuis
prince de Valachie, où il fut décapité par l'ordre
d'un autre Hassan-pacha, et le feu prince de
Moldavie, Constantin Bey Morusi, ont aussi
employé, de la manière la plus efficace, l'ascen-
dant qu'ils avaient sur leur nation, pour me
faciliter l'accès des dépôts littéraires, et des
maisons particulières, qui conservaient de précieux restes d'antiquité; et je n'oublierai jamais
les services qu'ils m'ont rendus.

de Thésée, pour en faire de la chaux. Mais tous les barbares ne sont pas Turcs ; on connaît le proverbe : *quod non fecerunt Romae barbari, fecerunt Barberini*. J'ai vu à Carpentras les restes d'un arc de triomphe d'un empereur romain, que le cardinal Bichi, évêque de cette ville, avait détruit pour construire la cuisine de son palais épiscopal. Le tems avait respecté le superbe Mausolée, monument de la tendresse conjugale d'Artémise, reine de Carie. Ce furent les chevaliers de Rhodes qui le détruisirent en 1522, pour faire de la chaux, et réparer le fort de St.-Pierre, près d'Halicarnasse, alors appelé *Mesy*, et maintenant *Petron*, en grec ; et *Bodroum*, en turc (1) ».

______

(1) *Voy.* les détails curieux de ce fait remarquable, p. 379-381 du 3.e livre des *Funérailles et diverses manières d'ensevelir*, de Guichard. Lyon, 1581, in-4°.

CHAPITRE IV.

La plaine de Troye , suivant Pope.

D'APRÈS la manière dont est des-
sinée la carte que le célèbre Pope a
placée à la tête de sa traduction de
l'Iliade, il est aisé de juger qu'elle
n'est pas l'ouvrage d'un géographe :
les objets n'y sont pas représentés à
vue d'oiseau, mais en perspective,
comme dans un tableau de païsage.
Cette faute est de peu de conséquence
aux yeux des littérateurs ; et Pope est
pardonnable de l'avoir commise. Sa
carte est à-peu-près exacte, et on peut
y appliquer la plupart des circonstances de la guerre de Troye, dont il
donne la description la plus complète
et la plus détaillée. C'est la né-
gligence du graveur , qui a laissé

sur la droite les objets destinés à occuper la gauche, le cap Sigée à la place du Rhétée, le lit du Simoïs à l'endroit où devaient être les sources du Scamandre.

Le tombeau d'Aisyetes s'y trouve aussi sur la rive gauche du Scamandre, tandis qu'il devrait être sur la rive droite. Mais Pope s'est contenté d'indiquer ce monument comme le lieu le plus avantageux que Polites pût choisir pour observer les mouvemens des Grecs (1), et n'a pas porté le scrupule jusqu'à désigner mathématiquement la rive du fleuve sur laquelle était situé le tombeau. Quant à celui d'Ilus, il est évident que Pope s'est mépris en le plaçant plus près de la ville que Bathycia, et plus loin du fleuve que celui d'Aisyetes.

Au reste, cette carte a dû lui coûter

____

(1) Il. II. 791.

beaucoup de peine, et exiger de sa part des combinaisons infinies. Avec le seul secours de l'Iliade, et sans aller sur les lieux, il a deviné la situation du camp des Grecs entre les deux caps, la réunion des deux fleuves à peu de distance des vaisseaux, la figure générale de la plaine, la distance de la ville à la mer, la véritable situation des sources du Scamandre, et enfin la forme exacte des tombeaux des guerriers.

« L'ancienne ville de Troye était,
« dit-il (1), à une plus grande distance
« de la mer, que les ruines d'Alexan-
« dria - Troas, qu'on a mal à propos
« confondues avec les siennes. Les
« Troyens en effet n'osèrent com-
« battre hors de leurs murailles qu'a-
« près la retraite d'Achille; mais dans
« la suite ils attaquèrent les Grecs

____

(1) *Essai*, au commencement du livre v de la traduction de l'Iliade, par Pope.

« jusqu'auprès de leurs vaisseaux,
« très éloignés de la ville. D'ailleurs,
« comme observe Strabon, si cette
« ville avait été voisine du rivage, il
« y aurait eu de la folie et de l'im-
« prudence de la part des Grecs, à
« attendre la dixième année du siége
« pour fortifier leur camp contre un
« ennemi qui les aurait menacés de
« si près, et il y aurait eu défaut de
« courage de la part des Troyens à res-
« ter si long-tems dans l'inaction, et
« à ne rien tenter contre une armée
« sans retranchement (1).

« De plus, dans la supposition où la
« ville eût été près du rivage, l'espace
« intermédiaire n'aurait pas été suffi-
« sant pour les combats et les événe-
« mens, dont il a été le théâtre.

« Les lieux les plus remarquables
« autour de Troye, étaient les portes

―――――――――

(1) Strabon, p. 893, éd. Amst. 1707.

« Scées. Elles s'ouvraient sur le champ
« de bataille; et c'était par-là que sor-
« taient les Troyens lorsqu'ils allaient
« au combat. Tout près de ces portes
« était le hêtre consacré à Jupiter.
« L'Erineos ou la colline des figuiers
« sauvages, était adjacente aux mu-
« railles de la ville, puisque Andro-
« maque fait observer à Hector que
« c'est le seul endroit par où l'ennemi
« puisse l'escalader (1). Il paraît que
« cette colline s'étendait jusqu'à la
« route publique (2). Les deux sources
« du Scamandre étaient un peu plus
« loin dans la même direction (3). Cal-
« licoloné était le nom d'une agréable
« colline située sur les bords du Si-
« moïs, de l'autre côté de la ville (4).
« Bathycia ou le tombeau de Myrinne

---

(1) Il. vi. 432.
(2) *Ib.* xxii. 145.
(3) *Ib.* 147.
(4) *Ib.* xx. 53.

« était en face et à peu de distance
« des murailles (1). Le monument
« d'Ilus était vers le milieu de la
« plaine (2) ».

Pope, après avoir fait connaître la
situation des principaux objets qui
avoisinaient la ville de Troye, et de
ceux qui se trouvaient dans la plaine,
nous trace avec la même exactitude
celle des différens champs de bataille
qui ont été décrits précédemment. La
seule chose qui paraisse le surprendre
et l'embarrasser dans la topographie
d'Homère, c'est que ce poëte n'a
point exprimé de quelle manière les
armées passaient le fleuve. La raison
de son silence à cet égard est bien
simple : c'est que le Scamandre est un
ruisseau qui a tout au plus douze pieds
de large et trois pieds de profondeur.

----

(1) Il. II. 813.
(2) *Ib.* XI. 166.

CHAPITRE V.

La plaine de Troye, suivant les voyageurs modernes.

Pierre Belon (1) est le premier des voyageurs modernes qui ait pénétré dans la Troade, ou du moins qui en ait tenté la description. Son ouvrage, publié à Paris en 1588, a été traduit par le botaniste Clusius qui en a fait plusieurs éditions.

Ce voyageur observa les ruines d'Alexandria-Troas, qu'il crut être celles de l'ancienne Troye. Il remarqua que le Simoïs et le Scamandre étaient de simples ruisseaux entièrement à sec

____

(1) Observations de plusieurs singularités et choses remarquables trouvées en Grèce, Asie, Judée, Egypte, etc., par Pierre Belon, du Mans. 1588.

pendant l'été. En passant au cap Sigée, il aperçut un monceau de terre semblable à une petite montagne, et s'imagina voir un tombeau élevé à la mémoire d'Achille, par les Mytili* néens.

Pierre de la Vallée (1) suivit Belon sur la côte d'Asie. Il confondit comme lui les ruines d'Alexandrie avec celles de l'ancienne Troye, et se laissa persuader, par les habitans du pays, que les vaisseaux remontaient le Scamandre deux ou trois lieues au-dessus de son embouchure.

Sandys (2) publia, au commencement du siècle dernier, une relation de son voyage en Turquie et en Egypte.

(1) *Les fameux voyages de* Pietro della Valle, *gentilhomme romain*, *surnommé* l'Illustre Voyageur. Paris, 1670.

(2) A Relation of a journey begun, an D. 1610. Containing à Description of the Turkish empire, etc. éd. de Lond. 1627.

Il observa, dit-il, les promontoires Sigée et Rhétée, remarquables, l'un et l'autre, par les tombeaux des guerriers grecs : il vit le Simoïs, le Scamandre, et la plaine arrosée par ces deux fleuves. Mais un parti de voleurs, qui infestait l'intérieur du pays, l'empêcha de s'écarter du rivage. Il est à regretter que cet observateur distingué qui, suivant Pope, était aussi parfait géographe que voyageur véridique, ait rencontré ces obstacles, et ne soit resté qu'un jour sur la côte de Troye.

Grelot, auteur d'une excellente description de Constantinople, découvrit, dit-il (1), du haut du cap Sigée, la belle campagne de la Troade, avec les deux rivières du Xante et du Simoïs, qui descendent toutes deux du fameux mont Ida.

____

(1) Dictionn. de Bayle, art. *Scamandre*. Relation d'un voyage de Constantinople, par Grelot, 1680.

Le Bruyn (1), dans son voyage du Levant, aborda sur le rivage de Troye. Il y fit quelques dessins, mais aucune observation importante.

Spon et Wheler (2), voyageurs d'une grande réputation, ne furent pas plus heureux que lui.

Madame Worthley Montagu (3), anglaise justement célèbre, et pour sa hardiesse à entreprendre des voyages périlleux, et pour son talent à les décrire, ne voulut pas faire ses adieux à Constantinople et à l'Hellespont sans rendre un hommage à la plaine de Troye. Son vaisseau jeta l'ancre au cap Sigée : la curiosité lui tint lieu de force ; elle monta sur le sommet de ce promontoire, et, l'Iliade à la main, elle vit l'endroit où reposait la cendre

____

(1) Voyage au Levant.
(2) Voyage d'Italie, etc. La Haye, 1724.
(3) Lettre 44.e

d'Achille. Du côté du nord, elle distingua le cap Rhétée, renommé par le tombeau d'Ajax. Enfin, elle aperçut le Simoïs qui descendait du mont Ida, et qui, après avoir traversé une vaste plaine, se réunissait au Scamandre.

Pococke (1), voyageur plus entreprenant et plus heureux que ceux dont je viens de parler, étudia la plaine de Troye en observateur habile. Il désigna la position de tous les tombeaux, qu'il incline à croire être des monumens de la plus haute antiquité. Il vit la vallée de Thymbra et le fleuve Thymbrius qui l'arrose. Il remarqua le point de réunion du Simoïs et du Scamandre. Enfin, pour ne laisser aucune découverte à faire après lui, il ne lui manqua que d'avoir vu l'emplacement de l'ancienne Troye et les sources du Scamandre.

____

(1) Pococke's observations on Asia minor.

2. 11

Elles n'échappèrent pas à Wood (1) ; ces belles sources : il les distingua. Mais égaré par Strabon ou plutôt par Démétrius, il ne soupçonna pas qu'elles pouvaient être celles du Scamandre (2). Il ne fit non plus aucune mention des monumens qui avaient attiré l'attention de son savant compatriote ; et dans cette occasion au moins, il trompa, ainsi que le dit Gibbon (3), l'attente du public, et comme critique et comme voyageur.

Le docteur Chandler, de la société des antiquaires de Londres, voyagea dans la Troade, il y a quelques années, sur les traces de Pococke. Le ton ferme et assuré avec lequel ce littérateur savant prononce l'authenticité des tombeaux d'Achille, de Patrocle, d'Antiloque, d'Ajax et d'Ai-

____

(1) Description of the Troad.
(2) *Id.* p. 325.
(3) History of the decline and fall of the Rom. empire ; vol. II, p. 8, éd. in-4°.

syetes, prouve d'abord qu'il en était convaincu lui-même, et forme un contraste frappant avec l'incertitude de Pococke.

« Ces monumens, dit celui-ci,
« pourraient bien être de la plus haute
« antiquité. Le grand est peut-être le
« tombeau d'Achille, et les deux au-
« tres ceux de Patrocle et d'Anti-
« loque. »

Les deux éminences que j'aperçois dans la vigne voisine, dit celui-là, sont les tombeaux d'Achille et de Patrocle : le troisième est celui d'Antiloque, fils de Nestor. Je distingue du côté opposé celui d'Ajax ; et à une grande distance vers le cap Lectos, celui d'Aisyetes (1).

Quand on a lu l'ouvrage du docteur Chandler, on ne saurait le soupçonner d'avoir avancé légèrement son opinion

____

(1) Travels in Asia minor, p. 42.

sur l'authenticité des tombeaux de la Troade. J'attends avec autant d'impatience que le public, l'essai dans lequel il a promis (1) de la développer; et je m'appuie d'avance de son autorité, pour justifier le jugement que j'ai porté moi-même de ces monumens.

Les voyageurs modernes ont donc trouvé la plaine, telle que les anciens l'avaient laissée.

Quant à moi, je n'ai fait que marcher sur leurs pas, et rassembler les objets épars que chacun d'eux avait observés en particulier. J'ai déja dit dans les chapitres précédens, et je ferai voir encore dans la suite, que les voyageurs qui m'ont suivi depuis dix ans dans la Troade, ont pleinement confirmé le tableau que j'en ai fait.

____

(2) Préface to Travels in Asia minor.

QUATRIÈME PARTIE.

CHAPITRE PREMIER.

La plaine de Troye dans son état actuel.

A l'entrée du canal des Dardanelles, on trouve sur la côte d'Asie une vaste plaine entourée d'agréables collines qui en embrassent toute l'étendue. Les deux endroits où ces collines viennent se terminer, sur le rivage de la mer, sont remarquables par des monumens qui paraissent être d'une haute antiquité. Deux monticules voisins, ouvrage de la main des hommes, sont à l'extrémité d'une de ces collines; un autre monticule semblable aux deux premiers, mais dégradé, est à l'extrémité de l'autre. Le fort de Koum-Kalé est entre les collines.

Au nord de la plaine, s'ouvre une vallée que les Turcs nomment *Thym-brek*, et où l'on trouve les débris d'un temple. Au midi, sur la colline opposée, on voit encore un monticule artificiel, d'une très-grande élévation, qui domine toute la plaine et le pays d'alentour.

A l'est et au fond de la plaine, le village de Bounar-Bachi est situé sur une éminence bordée de précipices, et couverte de plusieurs monticules semblables aux précédens. Près du village, sont des sources abondantes et limpides, parmi lesquelles on en remarque une qui est chaude et fumante dans certaines saisons. Le ruisseau que forment toutes ces sources, après avoir coulé à l'ouest dans la plaine, entre deux rives verdoyantes et fleuries, a été détourné de son cours naturel par des moyens humains, et conduit à la mer Egée à travers un vallon qui s'étend vers le midi.

Enfin, un large torrent, presque toujours à sec, descend des hauts sommets du mont Ida, coule aux pieds des précipices qui entourent Bounar-Bachi, et, parcourant la plaine de l'est à l'ouest, va se jeter dans le canal des Dardanelles, près du fort de Koum-Kalé.

Cette description, confirmée en dernier lieu par les voyageurs qui m'ont suivi dans la plaine de Troye, ne s'accorde pas entièrement avec celle de Strabon : mais si je démontre dans les chapitres suivans qu'elle est conforme à celle d'Homère, on me pardonnera peut-être d'avoir préféré l'autorité du poëte à celle du géographe.

CHAPITRE II.

Situation du camp des Grecs entre le promontoire In Tapé *et celui d'*Ieni Cheher.

Les anciens Grecs avaient la coutume de tirer leurs vaisseaux à sec sur le rivage, lorsqu'ils devaient faire quelque séjour dans les lieux où ils abordaient (1); et cette coutume s'est conservée parmi leurs descendans, les Grecs modernes.

Les mille vaisseaux d'Agamemnon ne pouvant trouver place sur une même ligne, dans l'espace compris entre le cap Sigée et le cap Rhétée, on fut obligé de les disposer sur deux

____

(1) Potter. Archæolog. Græ. l. III, ch. xx.

rangs, de telle sorte, que les vaisseaux arrivés les premiers étaient plus avancés vers l'intérieur de la plaine, et que les derniers se trouvaient par conséquent plus voisins du rivage. Entre les deux rangs des vaisseaux, on avait placé les tentes, les statues des dieux et le siége du conseil.

Le rivage, dit Homère, quoique très-étendu, ne pouvait contenir tous les vaisseaux. Il fallut en faire deux rangs, et, disposés de cette manière, ils occupaient encore le large espace compris entre les deux promontoires (1). Il ne faut pas manquer d'observer ici, qu'Homère veut assigner une position militaire pour une armée de cent mille hommes, et marquer les points de défense qui pouvaient en appuyer les ailes. Sa description est donc purement topographique. Il

____

(1) Il. l. xiv. 35, 36.

cherche plutôt à nous faire connaître la véritable disposition de l'armée, qu'à peindre l'immensité de l'espace qu'elle occupait : il est historien, il n'est plus poëte.

Toute l'antiquité s'est accordée sur la position du camp des Grecs entre les deux promontoires, et a montré par-là que, quoique Homère ne les ait pas désignés nominativement l'un et l'autre, on ne pouvait pas donner une interprétation différente à la disposition qu'il nous a laissée.

Si l'on admet un instant (et je le démontrerai dans la suite) que le cap Ieni Cheher est l'ancien promontoire Sigée, et que le monument appelé In Tapé, occupe la pointe du cap Rhétée ; si de plus, on suppose exacte la distance d'environ trois mille toises qui se trouve entre ces deux points, il est facile de prouver que cet espace était à-la-fois suffisant et nécessaire pour contenir les mille vaisseaux sur deux rangs.

En effet, chaque vaisseau, qui portait cent hommes, devait avoir au moins quinze pieds de large, et être séparé du vaisseau voisin, par un intervalle à-peu-près égal à sa largeur.

D'après ces observations, et en y ajoutant un simple calcul, on reconnaîtra que, pour contenir les mille vaisseaux sur deux rangs, il ne fallait ni plus ni moins d'espace que celui qui est renfermé entre les deux promontoires.

Mais comment expliquer la communication des deux aîles de l'armée, séparées par l'embouchure des fleuves réunis ? Comment le centre même de cette armée, où se trouvaient la tente et le poste du général, pouvait-il être exposé aux inondations et aux ravages d'un torrent impétueux, tel que le Simoïs ?

Ces difficultés, en apparence insurmontables, disparaissent à l'inspection des lieux.

La plupart des fleuves de la Grèce et de l'Asie ne sont point comparables aux nôtres : et c'est la sécheresse du climat qui a inspiré aux Grecs l'ingénieuse idée de les diviniser ; car ils étaient pour eux un grand bienfait de la nature.

Le Scamandre est un foible ruisseau, dont les eaux étaient toujours un bien pour l'armée, et jamais un obstacle à ses travaux. Le Simoïs, au contraire, est un torrent, mais non un torrent semblable à ceux des Alpes, qui, alimentés continuellement par d'éternels glaciers, coulent sans interruption dans des lits profonds et encaissés.

Le lit du Simoïs n'a pas plus de trois pieds de profondeur. Il est à sec pendant toute l'année, excepté au printemps, lorsque le soleil fond subitement la légère couche de neige qui garnit les sommets de l'Ida ; et dans l'été, après quelques pluies accidentelles et de courte durée. Le fleuve alors se répand sur la plaine ; mais comme la source qui le grossit est épuisée dans un instant, il laisse bientôt à sec et son lit et le terrain dont il s'était emparé. On croit que c'est le Simoïs qu'Homère avait en vue, lorsqu'il compare Ajax au torrent qui, formé dans les montagnes par les pluies du maître des dieux, se précipite avec impétuosité dans la plaine, l'inonde, entraîne des pins, des chênes arides, et roule un noir limon jusqu'au sein des mers (1).

Il ne faut donc pas être surpris du silence que le poëte a gardé sur le passage du fleuve à travers le camp. Il n'en a pas plus redouté l'impétuosité ou la profondeur, que ne la redoutent aujourd'hui les habitans des différens villages dispersés sur ses bords, et ceux même de Koum-Kalé, dont les

____

(1) Il. XI. 491.

maisons ne sont pas éloignées de l'emplacement de la tente d'Aga-memnon, et qui n'en communiquent pas moins journellement avec les deux promontoires.

La position désignée par Homère pour l'armée des Grecs, est donc, encore une fois, historique et non poétique. Ajax avait certainement son poste sur l'éminence où l'on voit aujourd'hui les ruines de son tombeau. Achille avait le sien au promontoire d'Ieni Cheher : et le fossé profond qu'on voit entre Bechik-Tépé et Ieni-Keu, fut indubitablement creusé alors pour protéger l'aîle droite et la garantir d'une surprise.

Toute autre disposition laisse à découvert une des aîles de l'armée, ou resserre trop l'espace qui lui était nécessaire pour se développer.

Les marais qui se trouvent encore aujourd'hui près de l'endroit qu'occupait le camp, devaient être un fléau plus dangereux pour l'armée que l'inondation passagère du Simoïs. Ils étaient assez mal-sains pour incommoder, mais n'étaient pas assez impraticables pour lui servir de défense.

Homère nous fait entendre que ces marais existaient déjà du tems de la guerre de Troye, ou du moins qu'il croissait des plantes aquatiques dans les environs du camp, puisque Diomède fait un amas de roseaux et de branches de tamarin pour reconnaître pendant les ténèbres l'endroit où il a placé les armes du traître Dolon (1).

Ne pourrait-on pas même penser avec quelque fondement, que la peste, qu'il attribue dans son enthousiasme poétique, à la colère d'Apollon et aux imprécations de Chrysès, ait été l'effet naturel des vapeurs qui s'élevaient du marais voisin (2)?

____

(1) Il. x. 466.
(2) *Ibid.* 1. 52. 382. 342.

Il ne paraît pas vraisemblable que les Grecs aient conservé pendant dix ans une position aussi mal-saine, ni qu'ils soient restés entre les deux caps pendant toute la durée de la guerre. C'est du moins ce qu'Achille nous fait entendre, lorsqu'en présence des ambassadeurs d'Agamemnon, il se vante d'avoir détruit onze villes dans le continent de la Troade, et douze dans les îles (1).

---

(1) Il. I. 125. VI. 415. VIII. 372. IX. 327. XV. 77. XVI. 57. XXI. 550. XXIV. 108.

CHAPITRE III.

De la source du Simoïs, et de son cours.

LORSQUE je crus m'apercevoir, pour la première fois, que Strabon s'était trompé en plaçant les sources du Scamandre au mont Cotylus, et qu'il avait confondu ce fleuve avec le Simoïs; je fus d'abord effrayé de la difficulté de constater une pareille erreur dans un géographe d'une autorité aussi justement respectée. Le docteur Chandler m'avait cependant frayé la route, et je me sentais encouragé à manifester sur cette matière une opinion qu'il avait adoptée lui-même (1). Homère dissipa toutes

(1) Travels in Asia minor, p. 40.

mes craintes et fixa tous mes doutes.

Ajax, au onzième livre de l'Iliade, « fait un grand carnage de Troyens ; « il tue les hommes et les chevaux : « Hector l'ignorait, parce qu'il com- « battait à l'aile gauche, sur les bords « du Scamandre (1) ».

Puisque le fleuve qui se trouvait à l'aile gauche des Troyens était le Scamandre, il s'ensuit que celui qui coulait à l'aile droite était le Simoïs. Or ce dernier, comme on le voit sur la carte, est celui qui prend sa source au sommet du mont Ida.

Après avoir observé les marais d'eau salée et d'eau douce qui se trouvent encore à l'embouchure de ce fleuve (2), et les différentes îles qu'il forme dans la plaine, j'entrepris de le remonter jusqu'à sa source, à travers les troncs

(1) Il. xi. 498.
(2) Strabon, l. xiii, p. 890-892.

d'arbres et les rochers qui hérissent toute l'étendue de son lit.

Il coule pendant près de cinq lieues dans un canal resserré entre deux chaînes de rochers escarpés, qui s'étendent depuis Bounar-Bachi, jusqu'à la plaine d'Ené. La nature semble n'avoir opéré ce déchirement que pour laisser un libre passage à son impétuosité. Des saules, des peupliers, des amandiers et des platanes croissent et végètent tristement dans cet étroit vallon, au milieu de la destruction et des ravages qui les entourent; et quoiqu'à moitié déracinés, ils payent encore à la saison, peut-être pour la dernière fois, le tribut de leur pâle verdure.

Je marchai pendant cinq heures, entre ces deux chaînes de rochers qui s'élèvent à droite et à gauche à la hauteur de quatre cents pieds, et j'arrivai enfin dans une vaste plaine, à l'entrée de laquelle est un village considérable que les Turcs appellent *Ené.*

Le torrent qui baigne ses murs se jette près de là dans le Simoïs, et prend sa source du côté de Baharlar, à cinq lieues de distance vers le midi. Le pont de bois sur lequel on passe ce torrent pour entrer dans le village, est soutenu par des colonnes de granit; les murailles de Caravanserai sont couvertes de fragmens d'architecture et d'inscriptions. Tout paraît annoncer que ce village a été bâti sur les ruines de quelque ville ancienne. Il y en avait une, à-peu-près dans ces contrées, que Strabon appelle *AEneas* (1), et dont le nom n'est pas très-méconnaissable dans celui d'Ené.

Dans une longue recherche que je fis aux environs d'Ené, je fixai la position des mines d'argent qui exis-

____

(1) Géograph. Strab. l. XIII, p. 900. édit. Amst. 1707.

taient au tems de Strabon (1) , celle
d'*Eskuptchu*, peut-être une des nombreuses villes appelées *Skepsis*; et sur
la route d'Alexandria - Troas, je découvris celle de l'ancienne *Cocilium*,
dans le lieu qu'on nomme aujourd'hui
Cocilian-Ovassi.

De retour à Ené, je continuai mon
voyage vers le Cotylus, en suivant
toujours le lit du Simoïs. A droite, je
laissai les villages de Balouki et de
Kesil ; à gauche, celui de Tchiaous :
enfin, après sept heures de marche,
j'arrivai à celui d'*Avgiler* (ou des
Chasseurs), qui se trouve au pied de
la haute montagne que les Turcs appellent *Kas-Dahi*, la montagne de
l'Oie (2).

Pendant que je me préparais à en

------

(1) Géograph. Strab. l. XIII, p. 900.

(2) MM. Clarke et Crips, du collège de Jésus
à Cambridge, et M. Franklin, capitaine au ser-

atteindre le sommet, et que mes guides m'entretenaient des peines qu'ils allaient essuyer pour m'y conduire, il survint une pluie qui me força de différer mon voyage. Il fallut attendre que les sentiers devinssent praticables; et ils ne le furent qu'au bout de trois jours.

————————————

vice de la Compagnie des Indes, sont les premiers qui aient monté après moi sur les sommets de l'Ida. Ils allaient y observer la température des sources du Simoïs. Cette montagne, disent les premiers, est d'un accès si difficile, que les naturels du pays ne la gravissent pas : elle est couverte de neiges qui, dans certains endroits, forment des glaciers. De ce point, la descente jusqu'au promontoire Baba, est aussi régulière que les degrés d'un escalier. Le golfe Adramity est mal placé dans toutes les cartes : il entoure la base du Gargara vers la partie du nord-est de cette montagne. Ainsi, la difficulté relative à la marche de Xerxès à Abydos, quand il laissa le Gargarus à sa gauche, est parfaitement résolue d'après cet état reconnu des lieux. Nous savons

'Alors, je me mis en marche à travers des forêts de pins, remplies de Jakals et de bêtes fauves de toute espèce, auxquels les habitans du village voisin font continuellement la chasse.

Après avoir monté pendant quatre

---

d'ailleurs, que toutes les caravanes qui passent de l'extrémité du golfe Adramity aux Dardanelles, laissent le mont Gargarus à leur gauche. Ces voyageurs ont remarqué une différence dans la température des deux sources du Simoïs. La première est de six degrés au-dessus de la glace. La chaleur de la seconde est exactement égale à celle des sources du Scamandre. Le mercure s'y est élevé à 16 degrés $\frac{1}{4}$.

Le sommet du mont Ida, est une plate-forme, dit M. Franklin, d'environ quatre cents pieds de circonférence, sur laquelle étaient le temple et l'autel de Jupiter libérateur. De ce point on aperçoit jusqu'aux montagnes de Thrace, et si l'on avait la vue perçante de Jupiter, on pourrait distinguer jusqu'au pays des Glactophages et des Hippemolges sur les bords du Danube.

heures, et traversé plusieurs ruisseaux qui roulent en écumant au fond des précipices, j'atteignis enfin le sommet de cette montagne.

C'est-là le mont Cotylus; c'est de là que le Simoïs descend avec impétuosité, quand il est grossi par les pluies ou la fonte des neiges. Le sommet du Cotylus, comme celui du Gargara, est un des pics le plus élevés de la chaîne du mont Ida, qu'Homère a dépeint avec tant de vérité, quand il a dit que *mille ruisseaux en découlent,* et que *ses noires forêts sont remplies de bêtes fauves.* (1). C'est peut-être un des points du globe d'où l'on aperçoit les plus beaux pays, et ceux qui rappellent sur-tout les plus intéressans souvenirs.

O vous, amis d'Homère et de la belle nature, venez contempler avec moi la

______

(1) Il. l. VIII. 47. XI. 183.

scène ravissante qui se découvre à mes
regards ! Le ciel est pur ; quelques
nuages légers et vaporeux n'en inter-
rompent la voûte azurée que pour lui
donner plus d'éclat : le soleil couchant
frappe de ses rayons dorés tous les
sommets qui m'entourent. Si je cesse
un instant de contempler les plaines
du Scamandre, mes yeux se reposent
sur les paisibles demeures de la Thrace
et de la Mysie (1) : je vois le Granique
et l'AEsepus s'échapper à travers les
vallons et les plaines, pour aller payer
le tribut de leurs eaux à la Propontide.
A quarante lieues de distance, et dans
l'horizon de la mer Egée, je distingue
les montagnes de la Thrace et le sommet de l'Athos, où Junon se repose
en descendant de l'Oympe (2); j'aperçois l'île de Lemnos, où le Sommeil,

---

(1) Il. XIII. 3.
(2) *Ib.* XIV. 227.

frère de la Mort, a fixé son séjour (1) ;
et celle de Samothrace, d'où Neptune
découvre l'Ida, la flotte et la ville de
Troye (2). Plus près de moi, sont les
îles d'Imbros et de Ténédos, où ce
même dieu laisse son char et ses
chevaux pour voler au secours des
Troyens (3); je découvre enfin les
sommets du Gargara, où croissent
encore aujourd'hui le crocus et l'hya-
cinthe (4), comme à l'instant où Jupiter, enveloppant Junon d'un nuage
d'or (5), s'endormait paisiblement dans
ses bras (6).

Ἴδης ἐν κορυφῇσι, τὰ δὲ προπεφανται ἁπαντα (7).

(1) Il. XIV. 231.
(2) *Ib.* XIII. 13.
(3) *Ib.* XIII. 34.
(4) *Ib.* XIV. 348.
(5) *Ib.* XIV. 343.
(6) *Ib.* XIV. 352.
(7) *Ib.* XIV. 332.

Le lendemain, avant le lever du soleil, en jetant les yeux vers l'est, j'aperçus des feux errans qui sillonnaient l'atmosphère, et qui, après s'être répandus de tous côtés, semblaient se réunir aux approches de la lumière du jour. Ces apparitions lumineuses, que j'ai également observées sur l'Olympe de Bithynie, auraient-elles fait imaginer aux Grecs que l'Olympe et l'Ida étaient le séjour des dieux (1) ? N'est-ce point à cette espèce de merveille que le chœur des Troyennes (2) fait allusion, quand il dit dans Euripide :

« Ainsi donc, ô Jupiter ! tu livres aux Grecs le temple où les Troyens t'adoraient, l'autel où ils faisaient brûler l'encens, où brillait la flamme des sacrifices, où s'élevait la fumée de

---

(1) Pomponius Mela, l. II, chap. XVIII.

(2) *Les Troyennes*, trag. d'Euripide, acte 4, scène 3.

la myrrhe odoriférante ! Tu abandonnes la sainte Pergame, les forêts de l'Ida, ce sommet merveilleux que le soleil éclaire de ses premiers rayons, et qui *répand une clarté divine;* tes sacrifices ne sont plus ni les chants propices des chœurs sacrés, ni les fêtes nocturnes des dieux, ni les traits révérés des simulacres d'or; l'astre de la nuit ne verra plus les Phrygiens rassemblés chanter les douze révolutions ! O roi des hommes et des dieux ! assis sur le trône céleste, dans les vastes plaines de l'air, dédaignes-tu d'abaisser tes regards sur une ville infortunée qui est devenue la proie des flammes !

« Que de maux Mercure (1) fit naître à-la-fois, lorsqu'il entra dans les forêts de l'Ida, et conduisit le char des trois

____

(1) *Andromaque,* trag. d'Euripide, acte I.er scène 6.

déesses armées pour le combat de la beauté, vers la demeure où le solitaire Pâris vivait seul et sans famille ! Arrivées dans ces vallons couverts de bois touffus, elles lavèrent leurs corps éblouissans dans l'eau des sources qui descendaient des montagnes. Elles allèrent ensuite vers le fils de Priam, se lançant tour-à-tour des paroles pleines d'aigreur. Cypris s'empare de son cœur par des paroles trompeuses, douces à ses oreilles, mais amères aux Phrygiens, et qui ont renversé les tours superbes de la malheureuse Ilion.

« Plût au ciel qu'elle eût jeté ce funeste fruit par-dessus sa tête, celle qui jadis mit Pâris au jour, avant qu'il pût habiter les rians coteaux de l'Ida, lorsque Cassandre, la tête ceinte du laurier prophétique, s'écrioit : Immolez le destructeur de Troye ; qui n'importuna-t-elle pas de ses plaintes ? auquel des princes et des vieillards ne demanda-t-elle pas sa mort ?

« Les malheureuses Troyennes n'auraient pas passé sous le joug ; et toi, Andromaque, princesse infortunée, tu ne languirais pas dans l'esclavage. La Grèce n'eût pas supporté dix ans de travaux et de dangers ; elle n'eût pas vu périr, sous les murs d'Ilion, la fleur de ces jeunes guerriers, laissant les épouses abandonnées, et les vieillards privés de leurs enfans ! »

CHAPITRE IV.

Des sources du Scamandre et de son cours.

La découverte des sources du Scamandre ayant déterminé celle de l'emplacement de l'ancienne Troye, et concouru, plus que toute autre chose, au rétablissement du théâtre de l'Iliade, il ne me paraît pas inutile de raconter comment elle s'est faite.

Persuadé que le Scamandre se réunissait autrefois au Simoïs, j'entrepris de remonter celui-ci jusqu'à sa source, et d'observer tous les fleuves qu'il reçoit dans l'étendue de son cours. Il fallait pour cela se résoudre à suivre scrupuleusement ses sinuosités; il fallait traverser des marais, des broussailles

et vaincre des difficultés de toute nature qui se présentaient à chaque pas.
Ces obstacles ne faisaient qu'irriter la
curiosité de Cassas et la mienne ; mais
le turc qui nous servait de guide, et
qui ne prenait pas aux antiquités de
la Troade, le même intérêt que nous,
nous prodiguait, sans réserve, les témoignages les moins équivoques de sa
pitié : « Infidèles , nous disait-il avec
« ingénuité, je vous trouve bien insen-
« sés de venir de si loin vous exposer
« à tant de dangers pour chercher des
« ruines et des sources. N'avez-vous
« pas dans votre pays des rivières et
« des masures ? » Cependant, pour
satisfaire notre empressement, il nous
montra du doigt un groupe d'arbres
à une grande distance, et nous assura
qu'il y avait près de là une très-belle
source. Rien ne saurait égaler la surprise et le plaisir que nous éprou-
vâmes, lorsqu'excédés de chaleur et
de fatigue, après avoir traversé une

plaine immense sans y rencontrer un seul arbre, nous nous trouvâmes au milieu d'une petite forêt de saules, d'ormes et de peupliers.

La colline au pied de laquelle ce bois est situé termine la plaine du côté de l'est. Elle est composée d'une sorte de brèche, ou de poudingue, dont les pierres sont réunies entr'elles comme une véritable maçonnerie, par une espèce de ciment de couleur rougeâtre. La nature ici a tellement imité l'art, qu'il faut l'observer avec le plus grand soin, pour dissiper l'illusion qu'elle excite.

De nombreuses sources de l'eau la plus limpide s'échappent du pied de cette colline, où l'on remarque des débris de murailles dont la construction très-solide doit être l'ouvrage de quelque peuple plus industrieux que les Turcs.

Sur la route qui conduit de la mer au village voisin, environ à quarante pas de la colline dont je viens de parler, une autre source très-abondante jaillit à gros bouillons, du fond d'un large bassin dont les bords sont formés par des fragmens de granit et de marbre. En hiver, elle est chaude et exhale une épaisse fumée qui couvre les arbres et les jardins d'alentour.

Le nom de Bounar-Bachi, qu'on donne au village qui avoisine ces sources, signifie *Tête de la source*, et est en turc la traduction littérale du mot κρηνος, par lequel Homère désigne celle du Scamandre.

On conçoit facilement que des sources aussi abondantes doivent tout fertiliser autour d'elles. Elles se partagent en effet en plusieurs petits ruisseaux pour arroser des jardins délicieux, où elles font croître toutes sortes de légumes et de fruits ; elles se réunissent ensuite dans un lit commun. Le petit fleuve qu'elles forment a environ douze pieds de large et trois pieds de profondeur.

On y pêche sur-tout des anguilles. Un vieux saule sert de pont pour le traverser. Ce fleuve coule avec rapidité sur un fond de sable et de cailloux ; ses rives au printems sont verdoyantes et émaillées de fleurs ; aux environs des sources , elles sont couvertes de roseaux très-épais et très-élevés , qui rappellent l'endroit où les filles de Troye allaient se baigner avant leurs noces , et où l'Athénien Cimon s'était caché pour tromper la jeune Callirhoé.

Ces belles sources , les seules qui se trouvent dans cette contrée , à plus de dix lieues à la ronde , ne devaient point échapper au peintre de la nature le plus exact qui ait jamais existé. Il paraît en effet qu'il fut frappé du phénomène singulier qui les distingue.

« Les deux guerriers, dit-il , parlant
« d'Hector et d'Achille, arrivent enfin
« à l'endroit où jaillissent les deux
« belles sources du Scamandre. L'une

« est chaude, et il s'en élève de la
« fumée comme autour de la flamme ;
« l'autre, en été, est froide comme la
« grêle, la neige ou la glace transpa-
« rente (1). »

On voit que ce tableau est encore
aujourd'hui de toute vérité. Le temps
n'en a pas effacé le moindre trait (2);

----

(1) Il. XXII. 147.

(2) Il paraîtrait par des lettres récentes de
Constantinople, que la question long-tems agitée
entre les physiciens et les géographes sur la
température des sources du Scamandre, vient
enfin d'être décidée. MM. Clarke et Crips, du
collége de Jésus à Cambridge, ont visité les
sources de ce fleuve, le 4 mars dernier. Les
paysans du lieu leur ont d'abord assuré ce
qu'Homère a dit long-tems avant eux : que l'une
de ces sources était chaude pendant l'hiver,
que l'autre était froide. Comme c'était alors l'é-
poque de l'unique froid que les Turcs aient
éprouvé cette année, l'occasion se trouvait très-
favorable. Les deux savans, résolus de s'assurer
de la vérité, se sont servis du thermomètre de

et M. Wood ne l'aurait pas méconnu ,
s'il ne s'était pas abandonné tout en-

Celsius; et l'expérience a démontré que les deux
sources sont chaudes.

La première expérience a été faite le 4 mars
au soir. La température de l'atmosphère était alors
de 8 degrés $\frac{1}{2}$ au-dessus de la glace. Plongé dans
la source qui passait pour chaude , le mercure
s'est élevé en deux minutes à 16 degrés $\frac{1}{4}$, et s'y
est fixé. Retiré de cette source pour être plongé
dans celle qu'on appelle froide et qui sort des
différentes bouches d'un rocher, le résultat a été
parfaitement le même, et le mercure s'est arrêté
à 16 degrés $\frac{1}{4}$. On a observé que la surface du
rocher d'où sort la source, et que l'eau elle-
même étaient sensiblement chaudes à la main.
Cette expérience , après avoir été faite à toutes
les bouches de la source, a été répétée au lever
du soleil, à midi, à minuit, et a toujours donné
les mêmes résultats. Il s'ensuit que les variations
de l'atmosphère n'influent nullement sur les
sources de ce fleuve. Une dernière expérience
faite dans l'intérieur des rochers, a aussi prouvé
que la température est plus chaude de $\frac{3}{4}$ de degrés qu'au-dehors, le mercure s'y étant élevé à
17 degrés.

tier à l'autorité de Strabon. Ses savans compatriotes, les docteurs Sibthorpe et Dallaway, fidèles admirateurs d'Homère, viennent de vérifier les observations que je fis sur ces sources en 1785.

« Vers le milieu de septembre, dit « le premier, nous couchâmes au vil- « lage de Bounar-Bachi, près duquel « on voit les nombreuses sources du « Scamandre. On dit que l'une d'elles « est chaude en hiver.

« Cette source est au moins tiède, « dit le second qui l'examinait au « mois de novembre 1795 : et l'aga de « Bounar - Bachi nous a assuré que « dans les mois d'hiver elle étoit « chaude et fumante (1). »

------

(1) *Tableau de la plaine de Troye*, illustrated and confirmed by Andrew Dalzel, p. 15. — *Constantinople ancienne et moderne*, etc. by James Dallaway, p. 344, trad. de Morellet.

Si ces deux voyageurs et l'ambassadeur Lyston ne l'avaient pas observé comme moi, je craindrais de paraître enthousiaste en ajoutant, pour achever le portrait des sources du Scamandre, que j'y ai trouvé des femmes turques lavant leurs vêtemens, comme le faisaient les Troyennes, lorsqu'avant l'arrivée d'Agamemnon elles jouissaient des douceurs de la paix (1).

..... οθι ειματα, σιγαλοεντα, etc.

Le Scamandre coulait entre la ville et les vaisseaux, puisque les Troyens, poursuivis par Achille et fuyant vers la ville, sont forcés de le traverser (2). Priam de même le passe en allant à la tente d'Achille demander le corps de son fils (3) ; et il le repasse

____

(1) Il. XXII. 154.
(2) *Ib.* XXI. 1.
(3) *Ib.* XXIV. 351.

encore quand il en revient (1). Ses eaux se réunissaient à celles du Simoïs, puisque « Minerve et Junon, accou- « rant au secours des Grecs, arrêtent « leurs chevaux au confluent du Si- « moïs et du Scamandre (2). »

Ces deux fleuves ne se réunissent plus ; le Scamandre, après avoir suivi jusqu'au-dessous du village d'Erkes-sighy la chaîne de collines qui bordent la plaine du côté du sud, se détourne tout-à-coup, et, au lieu d'aller se joindre au Simoïs, comme il le faisait autrefois, et, comme la pente natu-relle de la plaine semble encore l'y appeler aujourd'hui, il se jette dans un canal artificiel qui le porte dans la mer Egée. A son embouchure comme à sa source, il se répand sur les terres voisines, et y forme un marais couvert de roseaux.

____

(1) Il. XXIV. 692.
(2) *Ib.* v. 773.

« Nous avons vu, dit M. Hawkins
« dans sa première lettre à l'ambassa-
« deur Lyston, l'endroit où le cours
« du Scamandre a été détourné et con-
« duit dans un canal artificiel qui
« aboutit à la mer Egée. Cette cir-
« constance particulière, de laquelle
« nous pouvons rendre témoignage,
« confirme essentiellement les décou-
« vertes de Lechevalier; c'est pour ne
« l'avoir pas remarqué, que Wood
« s'est égaré. Quant à Strabon, il n'a
« jamais visité ces lieux, et s'en est
« entièrement reposé sur l'autorité de
« Démétrius de Scepsis.

« M. Lyston a aussi examiné avec
« soin le Scamandre et son canal an-
« cien et nouveau. Il a même observé
« que lorsque le fleuve est grossi par
« les pluies, une partie de ses eaux
« coule encore dans le Simoïs, en
« suivant son ancien lit.

« Pendant plusieurs heures, dit le
« docteur Dallaway, nous suivîmes

« avec la plus grande attention le
« cours du Scamandre ; nous obser-
« vâmes qu'en partant de sa source
« froide, qui est un amas de petites
« sources partielles, il traverse un
« terrain marécageux, où il disparaît
« pendant quelques milles entre les
« roseaux ; enfin nous atteignîmes le
« nouveau canal dans lequel il se jette,
« et nous aperçûmes clairement l'an-
« cien. Ici, la topographie de Leche-
« valier nous parut ingénieuse et
« plausible (1). »

D'après ces témoignages de M. Lyston et du docteur Dallaway, on voit
qu'il n'est pas possible de fixer le point
où le Simoïs et le Scamandre se réunissaient au tems d'Homère. Le Simoïs
est un torrent impétueux qui change

______

(1) *Tableau de la plaine de Troye*, Illustrated and confirmed, p. 17 et 18. — *Constantinople ancienne et moderne*, trad. de Morellet,
p. 181.

de lit suivant la crue accidentelle de ses eaux. Le Scamandre, au contraire, a des sources intarissables ; mais comme il coule dans la même plaine et dans le voisinage du Simoïs, son cours tranquille dépend tellement des fureurs de son frère, qu'on peut fixer le point de leur ancienne réunion à l'endroit qui convient le mieux à l'action du poëme.

Il n'est pas plus aisé de déterminer l'époque où les eaux du Scamandre ont cessé de se réunir à celles du Simoïs. S'il faut en croire les Turcs d'Erkessighy, Hassan, capitan-pacha, ayant fait bâtir un moulin et des bains qu'on voit encore dans le vallon voisin, y avait conduit les eaux du Scamandre. Cette tradition a d'autant plus de vraisemblance, que les habitans du village d'Erkessighy assurent avoir été employés à creuser le nouveau canal.

Mais, s'il est vrai que dans ces der-

niers tems on ait détourné le Scamandre pour cet objet, il n'est pas
moins probable qu'il l'a également été
dans des tems plus reculés, et que ses
eaux pures et limpides, les seules qui
se trouvent dans ces contrées, ont été
portées à Alexandria-Troas sur l'a-
queduc d'Herodes Atticus.

CHAPITRE V.

Comparaison du Simoïs et du Scamandre.

Lorsque Homère nous peint le Scamandre revêtu d'une forme humaine (1)
et adressant un discours au fils de Thétis, il nous transporte dans le pays des
fictions ; il nous éblouit par des scènes
idéales ; nous ne devons plus chercher
en lui le peintre de la nature : le Scamandre dès-lors n'est plus pour nous
un fleuve ordinaire ; c'est un dieu
courroucé, qui, mugissant comme un
taureau furieux, menace d'engloutir
Achille dans les profondeurs de ses
gouffres (2).

____

(1). Il. XXI. 213.
(2) *Ib.* XXI. 237. 327.

Mais lorsque ce divin poëte quitte
la région sublime de l'Epopée et re-
descend sur la terre, le Scamandre,
qu'il décrit alors, est un beau fleuve
qui coule paisiblement (1) à travers
une plaine fleurie (2) où il forme de
nombreuses sinuosités (3); ses eaux
sont limpides comme le cristal (4); ses
rivages sont couverts d'ormes, de
saules, de tamarins, de joncs et de
loto (5). Un orme jeté d'un de ses
bords à l'autre, suffit pour le traverser (6). On y trouve des anguilles et
d'autres poissons (7).

A ce portrait gracieux du Scamandre, Homère oppose d'une main habile, la terrible impétuosité du violent

(1) Il. XXI. 1.
(2) *Ib.* II. 467.
(3) *Ib.* XXI. 2. 125.
(4) *Ib.* XXI. 345.
(5) *Ib.* XXI. 35o.
(6) *Ib.* XXI. 244.
(7) *Ib.* XXI. 2o3. 353.

Simoïs. Celui-ci roule dans ses sables les boucliers et les casques des guerriers (1). Si le Scamandre l'appelle à son secours, ce sont ses fureurs qu'il invoque : « Accourez, mon frère, lui « dit-il, réunissez-vous à moi, ras- « semblez vos torrens, franchissez « vos rivages, entraînez avec fracas « les troncs d'arbres et les rochers, il « est tems d'arrêter ce vainqueur dont « le courage est égal à celui des « dieux (2). »

Homère ne pouvait pas peindre avec plus de vérité le cours paisible du Scamandre et les ravages du Simoïs. Les caractères qu'il leur donne à l'un et à l'autre leur conviennent encore aujourd'hui, et le voyageur qui voudra les décrire avec exactitude, n'aura rien de mieux à faire que d'emprunter les expressions du poëte.

______

(1) Il. XII. 23.
(2) *Ib.* XXI. 308.

CHAPITRE VI.

Situation de l'ancienne Troye.

La situation des sources du Scamandre, constatée par le caractère très-marqué qui les distingue, aidait naturellement à découvrir la position de la ville de Troye. Il était tout simple de penser que le village le plus voisin de ces belles sources devait occuper l'emplacement de l'ancienne ville; et que les Turcs auxquels l'usage du vin est interdit, devaient avoir encore été plus sensibles que les Troyens, au voisinage d'une eau pure.

Je monte donc au village de Bounar-Bachi par une pente douce et facile; et je traverse d'abord un vaste cimetière dont chaque tombeau est orné d'une colonne de marbre ou de granit. Près de la mosquée, j'aperçois un large banc porté sur deux appuis, dont l'un est un triglyphe, et l'autre un chapiteau corinthien, d'un style très-pur. Voilà des monumens de l'art : n'y aurait-il pas eu autrefois quelque ville importante sur cette colline ? Le voisinage d'une plaine fertile et des belles sources que je viens de voir, dans un pays où l'eau est si rare et par conséquent si précieuse, aurait été sans doute un puissant attrait pour ses fondateurs.

J'avance toujours en montant vers le village ; et, un mille au delà, du côté de l'est, je me trouve subitement arrêté sur les bords d'un affreux précipice qui entoure, presque de toutes parts, la colline où je suis placé. Deux pas de plus, et je tombais à quatre cents pieds de profondeur.

Le torrent qui coule au fond de ce précipice est le Simoïs qui, comme je l'ai dit, prend sa source au mont Cotylus, et qui parcourt le nord de la plaine. Quand il est grossi par les pluies ou par la fonte des neiges, il couvre de ses eaux l'étroit vallon bordé de rochers menaçans que la nature semble avoir destinés à contenir sa fureur. Mais comme il est le plus souvent à sec, les habitans des villages voisins profitent avec sécurité de cet heureux intervalle, pour cultiver son lit et ses rivages rendus fertiles aux dépens des contrées qu'il a dépouillées de leur fécondité.

Du sommet de cette éminence, que les Turcs appellent *Balli-Dahi* (montagne du Miel) à cause des nombreux essaims d'abeilles qui se trouvent dans les rochers voisins, je découvre le grand tombeau d'Udjeck et la plaine de Troye dans toute son étendue. Les deux chaînes de collines qui l'entourent se dirigent, l'une vers le cap Ieni-Cheher, l'autre vers la pointe d'In Tapé. Celle de la droite, qui s'étend entre Tchiblak et Aktché, est plus riante que l'autre. Mes yeux embrassent à-la-fois tout le nord de la mer Egée, les îles de Ténédos, d'Imbros, de Samothrace, le sommet du mont Athos et la Chersonèse de Thrace, située de l'autre côté de l'Helles-pont.

Au moment où j'admirais les avantages de cette situation et la beauté des points de vue, un spectacle nouveau vint frapper mes regards. Je remarquai avec étonnement que j'étais entouré de monticules semblables à ceux que j'avais déjà trouvés dans d'autres parties de la plaine. L'un d'eux cependant me parut avoir quelque chose de singulier dans sa structure ; je m'en approche, et je vois qu'il n'est pas, comme les autres, un monceau de terre couvert de gazon, mais un amas énorme de cailloux jetés sans ordre les uns sur les autres. Sa forme conique avait été altérée ; et il semblait qu'on

eût vouln en pénétrer l'intérieur pour
le fouiller.

Ce n'est pas tout : en examinant
avec soin la superficie du rocher de
Balli-Dahi , je distingue les fondemens
d'anciens édifices dont la maçonnerie
paraît avoir la consistance du rocher
lui-même. Ces fondemens ne sont-ils
point ceux de quelque ancienne ville?
Ces monumens singuliers ne sont-ils
point les tombeaux de ses guerriers ?
Ces colonnes de marbre ne sont-elles
point des débris de ses temples et de
ses palais ?

Ecoutons le jugement qu'en ont
porté les voyageurs anglais qui m'ont
suivi dans la Troade.

« M. Hawkins et le docteur Sib-
« thorpe employèrent un jour à visiter
« la montagne que Lechevalier suppose
« avoir servi d'emplacement à la ville
« de Troye. M. Hawkins observa que
« le côté oriental de cette montagne,
« par sa hauteur et son escarpement,

« doit avoir été considéré comme
« une défense naturelle d'une grande
« force , et peut avoir été rendu faci-
« lement imprenable. Quelques tom-
« beaux , ajoute - t - il , qu'on y voit
« encore , sont certainement des in-
« dices très-frappans de sa situation. »

L'ambassadeur Lyston exprime son opinion à-peu-près dans les mêmes termes.

Le docteur Dallaway arrive du côté du nord au village de Bounar-Bachi :
« Le soleil couchant brillait , dit-il ,
« d'une lumière plus éclatante que les
« jours précédens. Après avoir tra-
« versé le Simoïs , nous découvrîmes
« le village de Bounar-Bachi, dont
« les maisons agréablement éclairées
« s'offrirent à nos yeux sous un aspect
« enchanteur. Nous passâmes ensuite
« près du chiftlik de Hadgy-Méhémet.
« Cet aga, propriétaire actuel d'une
« partie des domaines du vieux Priam
« et du territoire même où ils étaient

« situés, habite une humble demeure;
« mais les environs en sont jonchés
« de colonnes qui ont été rassemblées
« des débris des villes voisines. A
« partir du village de Bounar-Bachi,
« la montée devient rapide...... Les
« hautes murailles de Troye et les
« portes Scées traversaient l'espace
« qu'occupe aujourd'hui ce village....
« Le premier objet remarquable qui
« se présente à nos yeux, lorsque
« nous avançons vers le sommet de la
« montagne, est une pyramide de
« cailloux, que Lechevalier appelle,
« sans fondement (1); le tombeau
« d'Hector. Ce monument a été ou-
« vert, mais nous n'avons pu savoir
« le résultat de cette fouille. Il y a
« aussi près de là d'autres tombeaux
« couverts de gazon, également ap-

____

(1) Pourquoi donc le docteur Dallaway a-t-il
lui-même publié la vue de ce monument sous
la dénomination de *tombeau d'Hector* ?

« propriés aux héros troyens. L'espace
« compris entre le village et les pré-
« cipices, était indubitablement suf-
« fisant pour l'emplacement de la ville
« de Troye. Le ravin profond et les
« rochers escarpés qui l'entouraient,
« étaient une fortification naturelle
« et imprenable (1). »

Enfin, pour achever de nous convaincre sur la situation de l'ancienne
Troye et sur l'authenticité de cette
découverte, il ne nous reste plus qu'à
consulter Homère. Tâchons de recueil-
lir les traits épars dont il caractérise la
capitale des Troyens. Voyons s'ils sont
conformes à la description qui pré-
cède : voyons si cette ville était située
sur une éminence ou dans la plaine ;
si le terrein qui l'environnait était pro-

----

(1) *Tableau de la plaine de Troye*, Illus-
trated and confirmed, p. 13 et 14.—*Voy.* aussi
Constantinople ancienne et moderne, trad. de
Morellet, p. 175-176.

ductif ou stérile ; si elle était à une certaine distance de la mer ou immédiatement sur ses rivages ; si elle était
attaquable de toutes parts ou d'un seul
côté : voyons enfin si elle était à portée
d'une source assez abondante pour
abreuver ses nombreux habitans.

Homère, dans plusieurs circonstances, lui donne l'épithète d'Ἠνεμόεσσα (1) ;
elle occupait donc un lieu élevé et
exposé à l'impétuosité des vents.

Pâris, répondant aux reproches
d'Hector, propose de se mesurer avec
Ménélas dans un combat singulier, et
lui dit : « Quel que soit le vainqueur,
« vous autres Troyens, après la paix,
« vous habiterez la *fertile plaine de*
« *Troye*, et les Grecs retourneront à
« Argos, pays abondant en bons che-
« vaux (2). »

____

(1) Il. III. 305. VIII. 499. XII. 115. XIII.
724. XVIII. 174. XXIII. 64. 297.

(2) *Ib.* III. 74. 2 7. VI. 315. XVI. 461. XXIV.
86. IX. 328. XVIII. 67. XXIII. 215.

En effet, le village de Bounar-Bachi se trouve à l'extrémité d'une plaine immense, dont le terrein gras et noirâtre annonce la plus grande fertilité, et dont les productions actuelles nourrissent les nombreux villages qu'on y voit.

La ville de Troye était à une grande distance de la mer; car le troyen Polydamas, après avoir combattu long-tems vers les vaisseaux des Grecs, donne à ses compagnons le conseil de ne pas attendre le retour de l'aurore, et leur fait observer qu'ils sont très-éloignés des murailles de leur ville (1).

La partie faible de la ville était située du côté de l'Erinéos, ou colline des figuiers sauvages (2).

Les précipices qui bordent l'éminence de Bounar-Bachi, offriraient

_____

(1) Il. xviii. 256.
(2) Ib. vi. 433.

encore aujourd'hui des difficultés insurmontables à toute armée qui vou-
drait s'en emparer ; et l'on n'en pourrait tenter l'attaque que du côté de la
colline qui s'étend entre le village
d'Arabler et les sources.

Hector, poursuivi par Achille, arrive aux sources du Scamandre, après
avoir traversé la route publique (1).

Le chemin qui conduit des rivages
de l'Hellespont au village de Bounar-
Bachi, passe encore près de ces
sources.

J'ai déjà fait observer à mes lecteurs,
que le voisinage de ces sources était
couvert de roseaux très-épais et très-
élevées. Aussi Ulysse raconte-t-il à son
fidèle Eumée, qu'il avait passé la nuit
en embuscade près de la ville de Troye,
et au milieu des roseaux (2).

______

(1) Il. XXII. 145.
(2) Odys. XIV. 473.

Le portrait qu'Homère fait du Pergama ou de la citadelle de Troye, et l'é-
pithète Αϰϱος qu'il lui donne, m'autori-
saient bien à croire qu'elle était située
sur une éminence (1) : mais je m'éton-
nais toujours que ce grand poëte n'eût
pas fait mention des précipices qui
dominent le Simoïs, et dont l'aspect
effrayant et pittoresque était cependant si digne de son pinceau. Après
beaucoup de recherches, j'ai enfin dé-
couvert que ces hauts rochers qui faisaient la plus sûre défense de la ville,
n'avaient pas été oubliés.

« Mais déjà, dit Homère, les plus
« hardis, entourant l'intrépide Ulysse
« dans les caverneux et sombres flancs
« de ce cheval, sont au milieu des
« Troyens qui l'ont eux-mêmes traîné
« avec de pénibles efforts jusques dans

____

(1) Il. XXIV. 700. IV. 508. VII. 21. VI. 512.
88. 257. 317. V. 460. XX. 52. XXII. 172. Odys.
VIII. 494. 504.

« leur citadelle. Là, il domine sur
« leurs têtes. Rassemblés en foule
« autour de cette masse, les ennemis
« forment un grand conseil, flottent
« long-tems dans l'irrésolution ; ils se
« partagent en trois partis. Les uns
« armés d'un glaive terrible veulent
« fendre et sonder les profondes en-
« trailles de ce monstre ; d'autres s'é-
« crient : *Tirons le au haut des ro-*
« *chers pour l'en précipiter, et qu'il*
« *soit réduit en poudre* (1). »

Si toutes ces preuves réunies ne
suffisent pas pour fixer irrévocable-
ment la situation de l'ancienne Troye,
j'espère qu'on se laissera du moins
convaincre par la démonstration qui
va suivre.

Les portes Scées, ou les portes du
couchant, étaient celles qui faisaient
face à la plaine (2). C'est par ces portes

______

(1) Odys. VIII. 504. *Voy.* la trad. de Bitaubé.
(2) Eustath. in Il. vol. 1, p. 394. ed. Rom. 1550.

que sortent les Troyens pour aller combattre. C'est là qu'Hector est placé lorsque Priam et Hécube veulent le détourner de se mesurer avec Achille (1). C'est enfin du haut des portes Scées que ces infortunés parens voient périr leur fils aux sources du Scamandre (2).

Les sources du Scamandre étaient donc en face et à la vue des portes Scées : elles étaient donc au couchant de la ville. Dès qu'on m'accorde la découverte et la position de ces sources, celle de la ville en est une suite nécessaire et incontestable.

Après avoir fixé d'une manière certaine la situation de Troye, il me reste à présenter à mes lecteurs le tableau de cette ville célèbre, lorsqu'elle fut renversée par les Grecs.

De toutes les villes (3) que les enfans

----

(1) Il. xxii. 35.
(2) *Ib.* xxii. 405.
(3) *Ib.* iv. 45.

de la terre habitaient sous le soleil et
la voûte étoilée , il n'en était aucune
qui fût plus cher au maître des dieux
que celle de Priam : jamais les autels
de Jupiter n'y étaient dénués d'of-
frandes, de libations ni de victimes.
Il fut un tems (1) où elle était abondante en or et en airain , et où tous
les mortels célébraient sa splendeur ;
mais depuis l'époque fatale où elle
devint l'objet du courroux de Jupiter,
les maisons furent dépouillées de leurs
plus précieux ornemens , ses richesses
disparurent et passèrent dans la Phrygie ou dans l'heureuse Méonie.

Ilion était très-peuplée (2) : elle était
sur une éminence , comme toutes les
villes anciennes (3). Sa haute citadelle
était entourée de rochers et de préci-

---

(1) Il. XVIII. 288.
(2) *Ib.* v. 489.
(3) *Ib.* XIII. 724. XXII. 172.

pices (1). C'est là qu'étaient situés les
temples des dieux, les palais et les
tombeaux des rois. Ici était le temple
d'Apollon, où Diane et Latone guéri-
rent la blessure d'Enée (2) ; là s'élevait
celui de Minerve, où la reine des
Troyens allait offrir le plus beau voile
qu'elle eût dans son palais, pour écarter
des murs d'Ilion le redoutable fils de
Tydée (3).

On voyait aussi dans le Pergama,
le magnifique palais de Priam (4), dé-
coré de superbes portiques. Il y avait
dans ce palais cinquante chambres
contiguës, et ornées d'un marbre lui-
sant, où les fils de Priam dormaient à
côté de leurs épouses, et douze autres
chambres où les gendres de ce roi
reposaient avec ses filles.

***

(1) Odys. VIII. 507.
(2) Il. V. 445.
(3) *Ib.* VI. 86.
(4) *Ib.* VI. 242.

Le palais de Pâris était placé au sommet de la citadelle entre ceux de Priam et d'Hector (1). Ce prince en avait ordonné lui-même la belle architecture. Les plus habiles artistes qu'il y eût alors dans l'opulente Ilion, l'avaient orné d'un toît en terrasse, et l'avaient entouré d'une vaste cour.

C'est aussi dans ces lieux que devait se trouver le palais de Deiphobe (2), qui fut assiégé par Ulysse et Ménélas, et où ces deux guerriers, par la protection de Minerve, remportèrent l'éclatante victoire qui détermina la chute d'Ilion.

Près des portes Scées étaient ces deux tours (2) où les vieillards troyens, d'une prudence consommée, se tenaient éloignés des combats, et où ils discouraient avec sagesse ; semblables aux cigales qui dans les bois se

____

(1) Il. vi. 3i3.
(2) Odys. viii. 52o.
(3) Il. iii. i52.

reposant sur la cîme des arbres, ne cessent de faire entendre leurs faibles et douces voix.

Hors de la ville, en sortant par ces portes, on trouvait les belles sources du Scamandre et les délicieux jardins de Priam (1), où Lycaon, son fils, fut surpris et tué par Achille (2), au moment où il coupait des branches de figuier sauvage.

Ces belles sources et les tombeaux des princes troyens sont les seuls monumens qui nous restent de la splendeur d'Ilion. Mais cette ville fameuse n'est plus ; elle ne sera plus comptée au nombre des villes immortelles (3).

---

(1) C'est-là que sont encore aujourd'hui ceux de l'aga de Bounar-Bachi, qui, après plus de trente siècles, succède à Priam dans une partie de ses possessions et dans son empire sur les habitans de la plaine de Troye.

(2) Il. XXI. 35.

(3) *Andromaque*, trag. de Sophocle, acte 4, scène 5.

CHAPITRE VII.

Course d'Achille et d'Hector.

Il ne suffit pas de fixer l'emplacement de l'ancienne Troye par rapport aux sources du Scamandre ; il faut de plus l'accorder, s'il est possible, avec la course d'Achille et d'Hector.

On a cru jusqu'à présent que ces deux guerriers avaient fait trois fois le tour des murailles ; mais cette opinion, commune aux anciens et aux modernes, ne s'accorde point avec le terrein que j'ai décrit. Jamais on n'a pu franchir en courant les rochers escarpés et les collines élevées qui bornent à l'est et au sud l'éminence de Bounar-Bachi. Il faut donc renoncer à la position déjà fixée de la ville de Troye, ou faire voir que le passage

d'Homère n'a pas été bien compris,
et que les guerriers, au lieu de faire
trois fois le tour de la ville, ont couru
circulairement trois fois en face des
murailles.

Lorsqu'Achille va provoquer Hector
aux portes Scées (1), l'armée grecque
est rangée en bataille dans la plaine,
à la vue des murs de la ville. Les
Troyens sont réduits aux abois. Hector
est le seul obstacle qui puisse suspendre
un moment leur perte. Priam et Hécube sont sur les portes Dardanes ou
les portes Scées (2). Toutes les forces
de la ville sont dirigées vers le point
que les ennemis menacent d'attaquer.
Chacun tremble pour le vaillant Hector, qui est en ce moment le seul rempart qu'on puisse opposer aux Grecs
victorieux. Achille marche à sa ren-

____

(1) Il. xxii. 35. 131.
(2) Eustath. in Hom. Il. vol. 1, p. 394. ed.
Rom. 1550. Il. xxii. 37.

contre ; son aspect intimide le héros troyen : et (il faut s'en rapporter à l'opinion commune des traducteurs d'Homère) Hector se met à courir autour des murs de la ville de Priam (1). Chaque fois qu'il cherche à gagner les portes ou à s'approcher des murs, Achille le détourne vers la plaine, et fait signe à ses soldats de ne pas attenter à sa vie (2).

Un grand intérêt anime ces deux guerriers. Il s'agit de la vie du grand Hector (3) ; c'est-à-dire, du salut ou de la perte de Troye. Tous ses concitoyens et sa famille sont rangés sur les murs qui font face à la plaine et aux sources du Scamandre, pour attendre de quel côté la balance de Jupiter penchera. La course des deux guerriers est l'époque la plus décisive et le

____

(1) Il. XXII. 144. 165.
(2) *Ib.* XXII. 194. 205.
(3) *Ib.* XXII. 159.

spectacle le plus intéressant pour les Troyens et pour les Grecs. Ils ne doivent pas en perdre la moindre circonstance. Chaque pas que fait Hector doit retentir au fond du cœur de Priam et d'Hécube ; et les braves Thessaliens doivent exciter à grands cris la vîtesse de leur roi.

Si ces deux guerriers s'étaient dérobés aux yeux de leurs armées, et avaient continué leur course autour des murailles de la grande ville de Priam , l'armée grecque n'aurait-elle pas attaqué les portes Scées restées à sa discrétion ? Cette même armée n'étant plus contenue par la présence de son chef ; et dans l'incertitude de ce qui se passait entre les deux guerriers , lorsqu'ils étaient dans la partie opposée de la ville , aurait-elle pu modérer son impatience jusqu'à ce qu'ils eussent fait trois fois le tour des murailles ?

Cet épisode de l'Iliade est du petit nombre de ceux que Pope croit devoir

abandonner à l'ardeur de la critique,
aussi bien que la mort de Patrocle et le
discours du cheval d'Achille (1).

Aristote, au contraire, le défend :
« Le merveilleux, dit-il (2), est de
« l'essence de la tragédie, et encore
« plus du poëme épique. Ce dernier
« genre de poésie admet des choses
« qui passent les bornes de la raison,
« pourvu qu'elles produisent le senti-
« ment de l'admiration. Par exemple,
« ce qu'Homère dit d'Hector pour-
« suivi par Achille, paraîtrait ridicule
« sur le théâtre ; les spectateurs ne
« pourraient s'empêcher de rire en
« voyant, d'un côté, les Grecs im-
« mobiles ; et de l'autre, Achille
« poursuivant Hector, et faisant signe
« à ses troupes de ne pas attenter à
« sa vie : mais ce défaut disparaît,

----

(1) Pope, Homer's Il. lib. XIV. note sur le
vers 955.

(2) Politique, ch. XXV et XXVI.

« quand nous lisons le poëme ; car ce
« qui est prodigieux est toujours
« agréable. »

On ne sait trop sous quel point de
vue l'un de ces auteurs condamne et
l'autre défend l'épisode en question :
cependant, à la manière dont Aristote
s'exprime, il semble supposer que les
guerriers ne se sont point dérobés à la
vue des armées ; puisque, d'après Homère, il nous représente les Grecs toujours immobiles, et pouvant toujours
apercevoir les signes de leur chef.

Pour savoir ce que Virgile en a
pensé, il suffit de comparer le combat
de Turnus et d'Enée avec celui d'A-
chille et d'Hector. Ceux-là combattaient aussi sous les murailles de Laurentum, entre deux armées qui, éprou-
vant la même inquiétude sur le sort
de leurs chefs, attendaient l'issue du
combat avec une égale impatience.

Turnus ayant résolu de se mesurer
avec Enée, et celui-ci étant informé

du projet de son adversaire, tous deux
se préparent au combat. De bonne
heure, le jour suivant, les Troyens
et les Rutules tracent le chant de
bataille sous les murs de la grande
ville (1). Les mères inquiètes, la foule
du peuple et les faibles vieillards se
placent sur les tours, sur le toît des
maisons et sur le haut des portes.....
Turnus et Enée conviennent des pré-
liminaires du combat, et font un traité
qu'ils confirment par les sermens les
plus solemnels..... Le combat s'engage :
l'attention des deux armées est entièrement fixée sur leurs chefs ; Jupiter
pèse les destinées des deux combattans : l'épée de Turnus se brise en
éclats contre la divine armure d'Enée.
Turnus n'a plus d'autre ressource que
la fuite. Alors, les deux guerriers font
cinq fois, en courant, le tour du champ
de bataille, et autant de fois ils se re-

______

(1) Æneid. XII. 116.

trouvent au même point de départ (1). Turnus s'arrête près d'un olivier consacré au dieu Faune, comme Hector s'arrête près des sources du Scamandre.

Cette course circulaire s'exécute non pas autour de la ville de Laurentum, mais sous les murs de cette ville, toujours du même côté et dans un terrein compris entre les murailles, un marais et l'armée des troyens ; circonstance que Virgile semble avoir supposée pour former aux guerriers troyens une arêne semblable à celle que la plaine de Troye offrait aux guerriers grecs ; pour ne pas les enlever à l'intérêt et aux regards de leurs concitoyens ; en un mot, pour ne pas blesser la vraisemblance, la raison et le bon goût.

Et nunc huc, inde huc, incertos implicat orbes,
Undique enim densâ inclusêre coronâ.
Atque hinc vasta palus, hinc ardua mœnia
    cingunt (2).

----

(1) Æneid. xii. 763.
(2) *Ib.* xii. 744.

Pourquoi Virgile, après avoir suivi son modèle pas à pas, depuis le commencement de l'épisode, paraît-il s'en écarter dans le tableau particulier de la course des Grecs? Aurait-il risqué de corriger son sublime original? Ou plutôt cet épisode d'Homère ne serait-il point susceptible d'admettre un sens analogue à celui que Virgile a adopté dans son imitation? Jetons-y les yeux encore une fois.

Hector, saisi de frayeur à l'approche d'Achille, prend la fuite et court tremblant le long du pied des murailles (1), pour y chercher du secours; Achille l'en écarte, et le force de diriger sa course du côté de l'armée des Grecs. Les deux guerriers laissent derrière eux la tour d'observation, la colline des figuiers sauvages, et arrivent aux sources du Scamandre. Ici Hector faisant un dé-

----

(1) Il. XXII. 144.

tour, trouve le moyen de se rapprocher des murailles ; Achille l'en écarte une seconde fois, et le poursuit encore vers les mêmes sources. Cette course se répète quatre fois (1), non pas autour de la ville, comme l'ont prétendu jusqu'à présent les commentateurs d'Homère, mais dans un espace circulaire entre les portes Scées et les sources du Scamandre.

L'examen scrupuleux que j'ai fait de cet épisode, m'a convaincu que la difficulté consiste uniquement dans la manière d'interpréter la préposition περι, qui signifie souvent *autour*, mais qui est également employée dans plusieurs auteurs, et dans Homère lui-même, pour désigner le voisinage d'un lieu.

Des trois cas que cette préposition gouverne, l'accusatif est le seul que

____

(1) Il. xxii. 157. 165. 188. 194.

l'on doive considérer ici, puisqu'en parlant seulement de la course d'Hector, le poëte l'emploie cinq fois différentes, et toujours avec l'accusatif.

Il n'est pas douteux que lorsqu'elle gouverne l'accusatif, elle signifie le plus communément *autour*.

Περι νεκρον : *Autour* d'un cadavre (1). Περι ταφρος οδοντας γιγνεται : L'écume s'élève *autour* de ses dents (2).

Σειρην μεν κεν επειτα περι ρινον ελυμποιο δησαιμην (3) : J'attacherais une chaîne *autour* du sommet de l'Olympe.

Mais il est également certain que la même préposition, gouvernant l'accusatif, est souvent employée, par Homère lui-même, pour indiquer les environs de la ville.

Ainsi, quand Hécube aperçoit Hec-

______

(1) Il. XVII. 412.
(2) *Ib*. XX. 168.
(3) *Ib*. VIII. 24.

tor, elle lui demande pourquoi il a quitté le combat, et pourquoi il est de retour. « Sans doute, lui dit-elle, tu « as été poursuivi par ces odieux Grecs « qui combattent près de la ville. » — μαρναμενοι περι αϛυ (1).

Le poëte ne veut certainement pas faire entendre ici que les Grecs combattaient alors *autour de la ville*, mais près des murailles et en face de la ville.

Homère, décrivant les différentes espèces d'arbres et de plantes qui croissent près du Scamandre, se sert encore de la préposition περι, pour exprimer le voisinage du fleuve : Τα περι καλα ρεεθρα (2).

Quand Jupiter est occupé à délibérer s'il sauvera Sarpedon, Junon lui dit que plusieurs fils des dieux im-

______

(1) Il. VI. 256.
(2) *Ib.* XXI. 352.

mortels périssent près de la grande
ville de Priam. Περι αςυ μεγα (1).

Examinons maintenant si la préposition περι peut avoir le même sens
dans les différentes occasions où le
poëte l'emploie pour peindre la course
des guerriers. Ος τω τρις πριαμοιο πολιν
περιδινηθητεν (2).

Ici la préposition περι se trouve jointe
à un verbe dont la signification simple
exprime le mouvement d'un tourbillon, et semble favoriser la nouvelle interprétation que je propose.
Les trois autres passages du même livre
où cette préposition est employée,
sont évidement susceptibles du même
sens. Homère, d'ailleurs, nous fait
bien reconnoître qu'il s'y attache, en
substituant à περι, un synonyme dont
la signification est claire, précise,
et doit résoudre la difficulté.

---

(1) Il. xvi. 448.
(2) *Ib.* xxii. 165.

Achille, accablé de sommeil, s'étend sur le rivage ; il est fatigué de tous ses membres, pour avoir poursuivi le vaillant Hector ; non περι ιλιον, mais προτι ιλιον (1), *en face, devant.* les murailles de Troye.

Si l'on m'objecte que Platon (2), Euripide et tous les anciens sont contraires à l'interprétation que je prétends introduire, je répondrai, avec le savant Heyne, que les anciens, faute de bien connaître la topographie de la Troade, ont souvent mal compris le sens d'Homère (3). De leur tems, comme du nôtre, on voyageait peu dans cette contrée célèbre. Aucune route n'y aboutissait. S'ils avaient connu les précipices qui entourent le Pergama, ils auraient vu que les guerriers ne pouvaient pas les franchir

---

(1) Il. xxiii 64.
(2) De Rep. l. iii, t. ii, p. 388, ed. Serrani.
(3) Beschreibung des ebene von Troja, p. 206.

pour faire le tour de la ville : ils auraient alors cherché dans les expressions du poëte , le sens véritable dont
elles sont susceptibles ; et ils ne lui
auraient point imputé une faute qu'il
n'a point commise.

CHAPITRE VIII.

De l'Erinéos, ou de la colline de figuiers sauvages.

LE figuier sauvage (1) est un arbrisseau très-commun dans la plaine de Troye. Les environs du village d'It-Guelmes, situé sur le bord de l'Hellespont, en sont couverts ; et c'est sans doute pour cette raison qu'il conserve encore le nom très-peu altéré d'Erin-Keu parmi les Grecs modernes, qui n'en comprennent plus l'étymologie.

Il y avait près de la ville de Troye, une colline appelée *Erineos*, vers laquelle Andromaque cherchait à diriger

____

(1) Les Grecs modernes appellent le figuier sauvage Ορνο. Ce nom est évidemment une corruption du littéral Ερινος ou Ερινεος.

l'attention d'Hector, comme étant le seul endroit par où la ville pouvait être attaquée avec succès.

« Ayez pitié de moi, lui dit-elle;
« ne rendez pas votre fils orphelin, et
« ne condamnez pas sa triste mère au
« veuvage. Restez dans cette tour, et
« placez l'armée vers l'Erinéos (la
« colline des figuiers sauvages), où
« les Ajax et les Atrides ont déjà trois
« fois tenté l'assaut (1) ».

L'Erinéos était une colline qui s'élevait près des murailles de l'ancienne Troye (2). Il paraît qu'elle s'étendait jusqu'au grand chemin qui conduisait à la ville; car dans la course d'Hector et d'Achille, ces deux guerriers laissent derrière eux les portes Scées, dépassent la colline des figuiers sau-

---

(1) Il. l. VI. 433.
(2) Strab. l. XIII, p. 893. Clark. ad Il. VI. 433.

vages, et parviennent à la route publique. Les deux sources du Scamandre
étaient un peu plus loin sur la même
direction, puisque les guerriers, après
avoir traversé la colline des figuiers
sauvages, s'arrêtent près de ces
sources (1).

L'Erinéos était donc l'espace compris entre les sources du Scamandre
et le village de Bounar-Bachi où étaient
les portes Scées. Cette partie de l'emplacement de l'ancienne ville est la
seule qui soit dominée par des hau-
teurs. Elle était par conséquent le
véritable point par où les Grecs devaient tenter l'assaut.

____

(1) Il. l. XXII. 208.

CHAPITRE IX.

De la vallée de Thymbra.

Au nord de la plaine de Troye, entre les villages de Tchiblak et de Kalafatly, vient aboutir un agréable vallon que les Turcs appellent *Thimbrek - Déré*. Le faible ruisseau qui l'arrose va se perdre dans les marais qui sont à l'embouchure du Simoïs(1). Vers le milieu de ce vallon, et aux environs du village de Halil - Eli, on trouve les ruines d'un temple dorique dont les colonnes avaient dix - huit

____

(1) M. Aberklad, savant voyageur suédois, paraît s'être convaincu par des observations réitérées, dans deux différens voyages à Troye, que le Thymbrius ne se jette point dans les marais du Simoïs, mais dans le petit port situé près du tombeau d'Ajax, et que les Turcs appellent *Karanlik-Limani*.

pouces de diamètre. Le cimetière du village voisin est couvert de bas-reliefs, de colonnes brisées, de chapiteaux et d'entablemens.

Parmi les nombreuses inscriptions que j'y ai recueillies, et qui se trouvent gravées au commencement de l'atlas, il n'en est aucune qui contienne les titres de ce monument, ni qui fasse connaître, au moins d'une manière incontestable, la divinité à laquelle il était consacré.

L'une fait mention d'une statue d'argent élevée à Jupiter par l'ordre des empereurs Dioclétien et Maximien, dans un temple qui n'est point nommé, et qui était probablement celui d'Apollon Thymbréen.

Il s'agit dans l'autre des honneurs rendus, par la tribu Attalide, à un magistrat de la Troade qui avait ordonné des jeux publics, à la grande satisfaction du peuple, et qui avait aussi restauré des bains.

Dans une troisième, il est question d'une statue érigée par Hipparque, peut-être même par la communauté des villes d'Asie, en l'honneur d'un souverain qui n'est pas nommé.

La plus longue enfin et la plus importante de toutes, a rapport aux dépenses faites en commun par les villes d'Ilium et d'Alexandria-Troas, où l'on célébrait des *Panathénées*. Il paraît que dans ces fêtes, les villes contribuaient et avaient leurs représentans respectifs ; qu'on offrait des sacrifices à Jupiter ; que les représentans étaient autorisés à faire la dépense des victimes ; et que les intendans de la fête étaient obligés de veiller à ce que tout s'y passât en bon ordre.

Quoiqu'aucune de ces inscriptions ne rappelle le nom d'Apollon, il serait difficile de ne pas reconnaître le nom de Thymbra, dans le nom très-peu défiguré de Thymbreck, que les Turcs donnent à cette vallée ; et le temple d'Apollon, dans les ruines qu'on vient de décrire.

L'ambassadeur Lyston et le docteur Dallaway ont observé que les habitans du pays enlèvent chaque jour ces fragmens pour en décorer leurs tombeaux. Ce dernier regarde le village et les ruines, comme le site très-probable de la ville de Thymbra et du temple d'Apollon (1).

Quelle que soit au reste la divinité qu'on adorait dans ce temple, comme Homère n'en fait point mention, la vallée de Thymbra dont il parle est la seule position qu'il est important de fixer et de concilier avec celle que les Turcs appellent *Thymbreck*.

Lorsqu'Hector tient conseil au tombeau d'Ilus, « les Cariens et les Pæo-« niens sont vers la mer, les Lyciens

____

(1) *Tableau*, etc. illustrated and confirmed, p. 25 et 26.

« et les Mysiens sont dans la vallée
« de Thymbra (1) ».

Le tombeau d'Ilus était vers le milieu de la plaine et près des rives du
Scamandre : et puisque ce tombeau est
le siége du conseil, et que le général
s'y trouve, il doit être au centre de
l'armée. Une partie des alliés est à
l'aile droite dans la vallée de Thymbra,
sans doute à dessein d'attaquer ou de
surprendre le poste d'Ajax qui est toujours le plus faible ; l'autre partie est

----

(1) Il. x. 430. Euripide paraît aussi avoir
connu la véritable situation du temple de Thymbra, quand il met ces paroles dans la bouche
d'Hector. « Il est encore un autre grec fameux
« par son éloquence et ses artifices ; son cœur
« ne manque point d'audace, et cet état a reçu de
« lui plus d'un sanglant outrage. Ulysse est son
« nom, il est présent à toutes les embuches ; il
« se tient près de la ville aux environs du *temple*
« *de Thymbra* : c'est le fléau des Troyens. »
(*Rhesus*, *trag. acte* 3, *scène* 5.)

à l'aile gauche vers la mer Egée , et en face du poste d'Achille.

On a déjà remarqué dans plus d'une occasion, et l'on peut encore observer ici , qu'Homère n'a pas puisé dans son imagination la scène sur laquelle il fait paraître ses guerriers , mais qu'il l'a réellement trouvée dans la nature et dans l'histoire.

CHAPITRE X.

De Callicoloné et du retranchement d'Hercule.

La colline qui s'étend sur les bords du Simoïs entre la vallée de Thymbra (1) et le village d'Aktche-Keu, est dans une exposition si avantageuse, on y jouit si complètement de la vue de la plaine et des fleuves, qu'on ne résiste point au plaisir de se reposer sur le gazon velouté qui en tapisse la surface. Les habitans de l'ancienne Troye devaient choisir de préférence ce beau lieu pour le but de leur promenade et de leurs amusemens. C'est la belle colline (Callicoloné) où les

____

(1) M. Morrit a découvert le tombeau qu'on voit sur cette colline près du village de Tchiblak.

dieux protecteurs de leur ville, tenaient conseil (1), et où Mars courait
comme un tourbillon du haut du Pergama, pour les exhorter au combat (2).

Les dieux amis des Grecs n'avaient
pas moins bien choisi l'emplacement
de leur conseil : ils étaient assis sur
le sommet du haut retranchement
d'Hercule (3), c'est-à-dire, sur ces
rochers escarpés qui s'étendent depuis
le cap Sigée jusqu'à la nouvelle embouchure du Scamandre.

Neptune et les autres dieux, assis
sur ces rochers et enveloppés dans
un nuage épais (4), étaient voisins
du camp des Grecs, comme Apollon
et Mars l'étaient de la ville et de
l'armée des Troyens. Placés les uns et
les autres sur des lieux élevés qui

---

(1) Il. xx. 151.
(2) *Ib.* xx. 53.
(3) *Ib.* xx. 145.
(4) *Ib.* xx. 150.

dominaient la plaine, ils pouvaient ,
quoiqu'à une grande distance , s'observer mutuellement , diriger les mouvemens des armées et encourager les
héros dont ils s'étaient déclarés les
protecteurs.

CHAPITRE XI.

Des tombeaux de la plaine de Troye.

Dans les plaines et sur les montagnes du comté de Cornouailles, dit le docteur Borlasse (1), on voit un grand nombre de monticules de terre ou de pierre qu'on appelle *Barrows*, du mot saxon Birig, qui signifie *couvrir, enterrer*.

Ces monumens qu'on trouve également dans tous les pays, sont de la plus haute antiquité. Ils ont différens noms, et sont construits de différentes manières, suivant les lieux où ils sont situés. Ils renferment des personnages d'une plus ou moins grande impor-

____

(1) Antiquities of Cornwal. p. 211.

tance; mais leur destination primitive a toujours été de couvrir et de protéger les cendres des morts, quoiqu'on les ait quelquefois employés à d'autres usages.

Le plus ancien tombeau de ce genre que nous connaissions, est celui de Ninus, fondateur de l'empire des Assyriens (1). Sémiramis, son épouse, l'enterra dans le palais des rois, et éleva un monceau de terre sur sa sépulture. Alyattes, père de Crésus, roi de Lydie, fut enterré de la même manière (2).

Chez les Grecs, on observait aussi cet usage. Le tombeau de Laïus père d'OEdipe, existait encore au tems de Pausanias (3), ainsi que celui de Lycus, qu'on voyait près de Sycyone (4).

---

(1) Diod. Sic. l. II, ch. I.
(2) Hérodote.
(3) Pausanias in Pocicis. p. 808.
(4) Pausanias, p. 126.

Tydée, père de Diomède, tué dans la guerre de Thèbes, reposait sous un monceau de terre (1).

La même coutume avait lieu chez les Romains ; et Virgile assure qu'elle était plus ancienne que Remus et que Numa (2). Tite-Live nous apprend que Claude-Néron enterrait ainsi ses soldats dans la seconde guerre punique (3). Germanicus jeta lui-même les premiers fondemens du monticule qui fut élevé après la défaite de l'infortuné Varus, sur les cadavres de ses soldats (4).

On trouve un très-grand nombre de ces monumens sur la côte d'Asie en Grèce, en Sicile, en Allemagne, en Danemark, en Suède, en Russie, en Angleterre, et jusqu'en Amérique, où le docteur Jefferson a observé que

____

(1) Il. XIV. 119.
(2) Æn. XI. 207.
(3) *Ib.* XXVII, ch. XIII.
(4) Wormius, p. 34.

les sauvages les ont en grande vénération (1).

Les Grecs les appelaient χυνγαια, γηλολοφος, γηλοφοι monceaux de terre. En Ecosse, en Irlande, dans l'île de Man, et dans le comté de Cornouailles, on les appelle *Kairne*, ou *Karn*, *monceau de pierres* ; en Russie, en Danemark, en Suède, ils portent souvent le nom des rois ou des généraux en l'honneur desquels ils ont été élevés.

J'en ai compté jusqu'à trente, entre Copenhague et Rokshild ; et près de cette dernière ville, au milieu des bois de Letrabourg, j'en ai observé un très-considérable qu'on dit être celui de Herald, le guerrier le plus fameux que le Danemark ait vu naître. Ceux qui sont dans la plaine d'Upsal, près de la maison du célèbre Lin-

____

(1) Notes on the state of Virginia, p. 74 et 173.

næus , sont appelés par les Suédois les Collines royales (1).

Dans certains lieux de la Basse-Egypte on les appelait Taph., Taphitis, *Tapé* (2), et ce dernier nom s'est conservé parmi les Turcs. Ils s'en servent encore de nos jours pour désigner les mêmes monumens.

Quand le nombre des morts était grand, on attendait jusqu'au troisième jour que le feu fût éteint pour ramasser les ossemens et élever le tombeau.

Tertia lux gelidam cœlo dimoverat umbram
Mœrentes altum cinerem et confusa ruebant
Ossa focis tepidoque onerabant agere terræ (3).

Les matériaux qui composent pour l'ordinaire ces sortes de monticules

____

(1) Hackenberg Disser. XII de re funebri veterum Germanorum, p. 416-417.
(2) New sistem of Mythology. vol. I, p. 449.
(3) Æn. XI. 210.

sont ou de la terre seulement, ou des pierres jetées sans ordre, ou quelquefois un assemblage confus de terre et de pierres.

Quelques savans (1) ont cru qu'afin de rendre ces monumens plus respectables, on allait chercher au loin les matériaux dont ils devaient être formés; il paraît, au contraire, qu'on choisissait de préférence ceux qui étaient le plus à portée. L'objet essentiel étant en effet, ordinairement, d'exécuter le travail avec promptitude, et d'employer le plus d'ouvriers possible à-la-fois, sans confusion, il est probable qu'on ramassait à la hâte l'espèce de matériaux qu'on trouvait sous la main.

C'est ainsi que l'on construisait les tombeaux les plus simples. Leur forme

______

(1) Doct. Williams, Dissertation on the St. Austle Barrows. Ph. trans. 1740.

conique les met plus qu'aucune autre
à l'abri des injures du tems. Les pyra-
mides d'Egypte ne sont elles - mêmes
que des tombeaux de cette espèce,
perfectionnés, dans lesquels on a pra-
tiqué des galeries pour introduire les
cadavres des princes, et des chambres
pour les conserver. Ces monumens
peuvent durer autant que le monde :
les moins considérables échappent à
l'attention des destructeurs ; les plus
grands opposent des obstacles invin-
cibles à la destruction. Il n'y a, dans
toute l'histoire ancienne, qu'un Cam-
byse assez barbare et assez fou pour
oser porter une main sacrilège sur
ces vénérables restes de la magnifi-
cence des siècles antiques.

Dans la plupart de ces tombeaux,
on trouve des urnes : dans quelques-
uns, on découvre, vers le centre,
une cavité ronde ou quadrangulaire,
où l'on déposait sans doute les cendres
et les ossemens. Il en est enfin où l'on

trouve des cadavres qui n'ont point été consumés par le feu.

On en ouvrit un à Trelovaren, dans le comté de Cornouailles, en 1751. Lorsque les ouvriers furent parvenus au centre du monument, ils aperçurent une cavité de deux pieds en tout sens, qui renfermait des ossemens et des cendres. A quelques pieds plus loin, ils trouvèrent deux urnes, remplies aussi de cendres et d'ossemens plus petits que les premiers; et enfin, près de ces urnes, quelques morceaux de fer couverts de rouille, qui paraissaient être des débris d'épées, de lances, ou de quelques autres instrumens de guerre.

Outre les tombeaux simples que je viens de décrire, il y en avait d'autres, construits avec plus d'art et de soin.

Quelques-uns étaient entourés d'un rang de pierres à leur base; d'autres étaient défendus par un fossé ou par un creux qui leur servait d'enceinte. Ceux - ci avaient une large pierre sur leur sommet, ceux-là étaient décorés d'une colonne.

Dans les endroits où l'on manquait de pierres pour en former l'enceinte, on plantait à l'entour, des chênes ou des hêtres.

> . . . *fuit ingens monte sub alto*
> *Regis Dercenii terreno ex aggere bustum*
> *Antiqui Laurentis opacâque ilice tectum* (1).

On plaçait ordinairement les tombeaux sur les grandes routes, pour rappeler aux voyageurs la destinée commune de l'humanité. Il y avait des hommes qui, comme Josué, fixaient leurs sépultures sur les limites de leurs propriétés, afin de reposer en paix, après leur mort, dans les lieux où ils avaient vécu avec honneur et contentement (2). Platon proposait qu'aucune

---

(1) Æn. xi.
(2) Josué, xxiv. 30.

terre cultivée ou susceptible de l'être, ne fût employée aux sépultures, de peur que le terrein destiné à nourrir les vivans, ne se trouvât inutilement occupé par les morts (1).

Les tombeaux des simples soldats étaient dispersés sur le champ de bataille, à l'endroit où ils avaient péri. On les y reconnaît encore à présent : ils sont rangés en ligne droite, comme le front d'une armée, dans les plaines qui ont été le théâtre de quelque grande action. Sur les dunes de Saint-Austle, dans le comté de Cornouailles, on en trouve quelquefois sept sur la même ligne (2).

Il était tellement honorable d'être enterré sur le champ de bataille, que non-seulement les soldats athéniens et platéens qui périrent à Marathon,

____

(1) Cic. de LL.
(2) Philo. Trans.

furent déposés dans cette plaine célèbre, mais que Miltiade lui-même,
qui les commandait, désira de laisser
ses débris mortels à l'endroit où il
s'était couvert d'une gloire immortelle (1).

Quelquefois ces tombeaux se trouvent dans des vallées, mais plus généralement sur des sommets et dans des
plaines où les campemens et les batailles ont eu lieu, et où de tels monumens sont plus exposés à la vue que
dans des lieux bas.

Leur grandeur est proportionnée,
pour l'ordinaire, à la qualité du mort,
à l'affection ou au respect de ceux qui
lui ont survécu. Celui de Ninus était,
suivant Ctésias, d'une masse et d'une
hauteur si prodigieuse, qu'en le voyant
d'une certaine distance, on le prenait
pour la citadelle de Ninive (2). On as-

____

(1) Pausanias in atticis, p. 79.
(2) Diod. Sic. l. II, ch. I.

sure qu'il subsiste encore aujourd'hui sur les bords du Tigre, quoique la ville elle-même, près de laquelle il était placé, ait été détruite par les Mèdes, quand ils firent la conquête de l'empire d'Assyrie. Celui d'Aliattes, roi de Lydie, avait plus d'un quart de lieue de circuit, et 1560 pieds de diamètre (1). Enfin, celui qu'Alexandre fit élever en l'honneur d'Ephestion, coûta douze cents talents (2).

Il paraît qu'à cette époque, les Grecs portaient la somptuosité des tombeaux jusqu'à l'extravagance. C'est pour obvier à cet excès, que Platon fit une loi par laquelle il prescrivait la dimension du monument, en fixant le nombre d'ouvriers et le tems qu'on devait y employer ; il voulait même que la colonne dont le tombeau serait

____

(1) Hérodot.
(2) Justin. l. XII, ch. XII, cust. XIV.

orné, ne contînt que l'espace suffisant pour quatre vers héroïques (1).

Dans les royaumes du Nord, on n'épargnait ni travail ni dépense pour élever de magnifiques monumens aux grands généraux et aux bons rois. Mais c'était la coutume de refuser aux criminels et aux tyrans les honneurs de la sépulture. Le tombeau de Haco était une colline remarquable par ses grandes dimensions (2). Harald employa toute son armée à orner celui de sa mère. Mais les cendres de Fengo ne furent point enfermées dans une urne, ni couvertes d'un monceau de terre : elles furent jetées au vent par les soldats, afin qu'il ne restât point de vestiges d'un parricide.

Des observations précédentes on peut conclure, avec le docteur Bor-

____

(1) Cicer. de Leg.
(2) Wormius, p. 33..

lasse, que les monumens de cette espèce, par-tout où ils se trouvent, sont
de la plus haute antiquité.

On en voit un grand nombre dans
la plaine de Troye. Les uns sont au
milieu de la plaine même ; les autres,
sur les collines qui l'environnent.
Ceux-ci sont sur le sommet du Pergama ; ceux-là sont rangés sur les rivages de l'Hellespont : tous occupent
exactement la place qui leur est mar-
quée par Homère.

Le docteur Dallaway, qui a porté
dans l'examen de mon ouvrage, et le
discernement d'un véritable connais-
seur, et la sévérité d'un juge impartial,
ne balance pas à avouer que, de toutes
les preuves sur lesquelles je fonde le
rétablissement de la plaine de Troye,
la liaison des tombeaux avec les caps,
est celle qui lui a fait le plus d'impression, en fixant en quelque sorte la
scène de grandes actions militaires,

et le voisinage d'une grande ville (1).

En effet, lorsqu'on est placé sur les sommets de Bounar-Bachi, il ne faut pas un grand effort d'imagination pour se représenter le théâtre entier de l'Iliade.

Les différens tombeaux des guerriers grecs et troyens, sont tous exposés aux regards des voyageurs. Sans doute de pareils monumens se trouvent aussi dans d'autres contrées ; mais où trouvera-t-on à-la-fois tant d'objets conformes aux tableaux d'Homère réunis dans un si petit espace ; une éminence pour la situation de la ville ; une plaine voisine de l'Hellespont, terminée par deux caps opposés, et assez vaste pour le mouvement des armées ; deux rivières qui la parcourent et se réunissent à une petite distance de la mer ? Quand je vois au cap Sigée deux tombeaux

____

(1) *Tableau de la plaine de Troye*, illustrated and confirmed, p. 25.

d'inégale grandeur, puis-je m'empêcher
de reconnaître ceux d'Achille et de
Patrocle? Quand j'en aperçois un autre
sur le promontoire opposé, comment
ne pas me rappeler aussitôt qu'Ajax
était campé à la gauche de l'armée des
Grecs, et que ses cendres doivent y
reposer? Le tombeau d'Aisyetes n'est-il
pas à l'endroit où Strabon le place, et
dans la situation la plus avantageuse
pour fournir à Polytes le moyen d'observer les mouvemens des Grecs?

En un mot, ces tombeaux et ces
fleuves se trouvent tous dans la position qu'ils doivent occuper pour satisfaire aux combinaisons variées, aux
mouvemens des troupes, et aux incidens nombreux de l'Iliade. Cette réunion extraordinaire de circonstances,
dans un espace de quelques milles, ne
saurait être l'effet du hasard. C'est ici,
et nulle part ailleurs, qu'il faut chercher la plaine de Troye.

CHAPITRE XII.

Tombeau de Protésilas.

A l'extrémité de la Chersonèse de Thrace, et près du village qui entoure le château d'Europe, on voit un monticule couvert de gazon, aux environs duquel on trouve une quantité de fragmens de marbre, qui sont évidemment les débris d'un temple. Le docteur Chandler, qui a examiné ce monument quelques années avant moi, parle d'un chapiteau corinthien, et d'un autel creusé dans sa partie supérieure, dont les Turcs se servaient pour broyer du grain. C'est près de là, dit ce savant anglais, qu'étaient le tombeau de Protésilas et son temple (1).

____

(1) Chandler's Travels in Asia minor, ch. v, p. 15 et 16.

Le *Protesileon*, dit Strabon, est sur la Chersonèse, en face du promontoire Sigée (1).

Hérodote raconte que le mède Artaycta, d'après les ordres de Xerxès, pilla les trésors de ce temple, et le souilla par ses débauches (2).

Protésilas, dit Philostrate, ne fut point enseveli dans la Troade; mais on lui éleva, sur la Chersonèse, un grand tombeau qu'on voit à la gauche de l'Hellespont.

Les habitans de la Chersonèse étaient persuadés que les ormes qui croissaient près de ce monument, avaient été plantés par les nymphes, et que leurs feuilles, tournées du côté d'Ilion, se flétrissaient aussitôt qu'elles étaient développées (3). Ainsi, les descen-

____

(1) Strab. Casaub. Georg. lib. XIII, p. 890.
(2) Hérodote Polymn. p. 251. Calliope, 354.
(3) Philost. Heroica. p. 672. Antiphil. Byz. l. III. Antholo. Plin. l. XVI. H. N. sec. 99. Calaber. l. VII.

dans et les compatriotes de Protésilas croyaient voir à chaque printems la nature elle - même mêler en quelque sorte son deuil au leur, et éterniser par ce phénomène périodique, la mémoire de leur héros.

Mais pourquoi le tombeau de Protésilas ne se trouve-t-il pas dans la plaine de Troye, comme ceux des autres héros grecs ? pourquoi ses cendres furent-elles transportées sur l'autre rivage de l'Hellespont ? Il me paraît facile de répondre à ces questions.

Lorsque les Grecs exécutèrent leur descente sur la côte d'Asie, les Troyens, qui en étaient depuis long-tems menacés, avaient sans doute préparé tous leurs moyens de défense, et ils mirent en œuvre tous les avantages que la position continentale donne toujours contre l'ennemi qui veut opérer un débarquement. Ce premier combat dut être opiniâtre, et il en coûta cher aux Grecs pour conquérir le Naustathmos et la station des vaisseaux.

C'est dans cette attaque que Protésilas perdit la vie. « Les combattans
« de Philacé, dit Homère; ceux de
« Pyrrase la fleurie, d'Itone, mère
« de nombreux troupeaux, d'Antrone
« qui domine sur l'Océan, et de la
« verdoyante Ptélée, eurent pour chef
« le vaillant Protésilas, tant qu'il vé-
« cut. La terre le renfermait déjà dans
« son sein ténébreux; son épouse dé-
« solée, se meurtrissant le visage,
« était seule à Philacé, et sa maison
« y était sans appui. Un guerrier
« troyen lui avait ravi le jour, comme
« il s'élançait, avant tous les Grecs,
« de son vaisseau sur le rivage (1). »

Le brillant exemple que ce général
donnait à l'armée grecque, dans un
moment périlleux, où elle avait toute

____

(1) Il. l. ii. 698. *Voy*. l'excellente traduction
de Bitaubé, chant ii, p. 236, 3.ᵉ édition.

entière les yeux sur lui, méritait qu'on lui fît des funérailles honorables, et qu'on payât du moins à ses tristes restes la reconnaissance qu'on devait à son intrépidité. Mais la position de la flotte n'était pas encore assurée; le retranchement n'était pas encore élevé devant elle; les cendres de Protésilas n'auraient pas reposé en paix, au milieu des combats qui devaient, à cette époque, se succéder avec rapidité. C'est pour cela, sans doute, qu'elles furent transportées sur le rivage opposé, où elles devinrent, dans la suite, l'objet de la vénération publique.

CHAPITRE XIII.

Du tombeau commun des Grecs.

PENDANT la trève entre les Grecs et les Troyens, chacune des deux armées s'occupa de rendre aux morts les devoirs funèbres. Les *Grecs*, après avoir brûlé les leurs, retournèrent aux vaisseaux ; puis le lendemain, au point du jour, ils leur élevèrent un *tombeau commun :* et, près de ce tombeau, ils bâtirent une muraille et des tours, pour servir de défense à leur camp (1).

Ce monument, placé par les Grecs sur le bûcher de leurs guerriers, devait être dans le voisinage des vaisseaux. En effet, il existe encore, au

____

(1) Il. VII. 434.

moins en ruines, à l'endroit où Homère l'a placé.

A une lieue de la mer, en remontant le Simoïs, on trouve les restes d'un pont fabriqué en pierres de taille, et d'une construction si parfaite, qu'il ne peut être l'ouvrage que des anciens. A l'opposite de cette ruine, sur la rive gauche du fleuve, on voit les débris d'un monument dont on peut reconnaître encore la forme primitive, quoiqu'elle ait été fort altérée, soit par la main des hommes, soit par les eaux du Simoïs. C'est un monceau de terre, entrecoupé de fabriques intérieures, et couvert de blocs de marbre, destinés sans doute à l'orner autrefois.

J'avais d'abord pensé que la situation de ce monument pouvait convenir au tombeau d'Ilus, qui, en effet, ne pouvait pas être fort éloigné de là ; mais M. Heyne m'a fait changer d'opinion : c'est lui qui m'a suggéré la pensée du tombeau commun ; et il ne

m'en a rien coûté pour sacrifier ma
première idée à ce critique célèbre,
dont les conjectures sur la topographie de l'Iliade, sont, comme celles
de Pope, préférables aux observations
même de la plupart des voyageurs.

CHAPITRE XIV.

Conjectures sur la situation du Thros-
mos et du tombeau d'Ilus.

LE vieux Nestor, dans le dixième
livre de l'Iliade, éveille Diomède en
lui disant : « Lève-toi, fils de Tydée,
« pourquoi dors-tu toute la nuit ? Ne
« sais-tu pas que les Troyens sont sur
« le Throsmos, près des vaisseaux,
« et qu'un très-petit espace nous sépare
« d'eux (1) ? »

Lorsque les Grecs, dans le onzième
livre, se préparent à sortir de leur
retranchement, et qu'Ulysse, du milieu du camp, fait entendre sa voix
jusqu'aux tentes d'Ajax et d'Achille, si-

____

(1) Il. x. 160.

tuées aux deux extrémités, les Troyens sont en bataille sur le Throsmos, autour du grand Hector et du vaillant Polydamas (1).

Au vingtième livre, lorsque les Grecs, insatiables de guerre, sont rangés près de leurs vaisseaux autour du fils de Pélée, et que Jupiter ordonne à Thémis d'assembler les dieux, les Troyens sont encore placés sur le Throsmos (2).

Le Throsmos n'était donc pas éloigné des vaisseaux; et il était le point de ralliement des Troyens, lorsqu'ils voulaient attaquer le camp des Grecs. C'est pourquoi je m'étais d'abord imaginé que l'éminence située sur les bords du Simoïs, près les ruines du pont, devait être le Throsmos : je m'étais même permis d'étendre plus loin mes conjectures; j'avais cru entrevoir que

____

(1) Il. xi. 56.
(2) *Ib.* xx. 3.

le Throsmos et le tombeau d'Ilus étaient le même monument, comme Bathyeia et le tombeau de Myrinne, et que le premier nom lui avait été donné par les hommes, et le second par les immortels.

Ce qui me confirmait dans cette opinion, c'était la coïncidence du rapport de Dolon avec les pressentimens de Nestor. Celui-ci, inspiré sans doute par la sagesse et l'expérience, sait, sans sortir du camp, que les Troyens sont sur le Throsmos; celui-là, bien informé de ce qui se passe, puisqu'il est l'espion des Troyens, et ne songeant pas à dissimuler, puisqu'il s'agit d'éviter la mort dont il est menacé, révèle tous ses secrets, et avoue qu'Hector tient conseil avec les généraux troyens sur le tombeau d'Ilus (1).

S'il faut renoncer à ces idées,

____

(1). Il. x. 414.

tâchons au moins , en parcourant l'Iliade , de fixer à-peu-près la situation de ce dernier monument , tant par rapport à la ville que par rapport au camp des Grecs.

Pâris , dans le onzième livre , caché derrière la colonne qui décorait le tombeau d'Ilus , blesse Diomède d'un coup de flèche. L'armée des Grecs était en déroute, Agamemnon lui-même était blessé ; et les Troyens, profitant de leurs avantages , avaient sans doute déjà repoussé les Grecs fort avant dans la plaine (1).

Lorsque Priam , dans le vingt-quatrième livre , va demander à Achille le corps de son fils , il part de Troye pendant le jour , puisqu'il distingue dans les airs l'aigle que Jupiter lui envoie ; et, quoique monté sur un char à quatre roues , traîné par deux

______

(1) Il. XI. 374.

chevaux et deux mules, il n'arrive cependant au grand tombeau d'Ilus qu'au lever de l'aurore.

Ce tombeau ne devait pas être éloigné du fleuve, puisque le vieux roi des Troyens ne l'a pas plutôt dépassé, qu'il fait boire ses chevaux et ses mules (1).

Enfin, le tombeau d'Ilus était situé au milieu de la plaine et sur la route du camp des Grecs à la ville, puisque les Troyens dans leur fuite, passent près du tombeau d'Ilus, et traversent la plaine, puis la colline des figuiers sauvages, pour arriver aux portes Scées (2).

D'après ces remarques, il est vraisemblable que le tombeau d'Ilus était à une grande distance de la ville, dans le voisinage de l'ancien canal du Sca-

____

(1) Il. xxiv. 350.
(2) *Ib.* xi. 166.

mandre : et il faut convenir que si le tombeau d'Ilus et le Throsmos ne doivent pas être confondus , ces deux monumens du moins n'étaient pas fort éloignés l'un de l'autre.

CHAPITRE XV.

De la colline Bathyeia , ou tombeau de Myrinne.

Il y avait dans la plaine de Troye, devant les murailles de la ville, une certaine éminence que les hommes appelaient *Bathyeia* , et les dieux le *tombeau de Myrinne* (1). Des deux côtés de ce monument, les Troyens et les auxiliaires se rangent en bataille, tandis que les Grecs, sortis de leurs vaisseaux, se déploient dans la plaine du Scamandre (2).

Les divinités protectrices de chacune de ces armées, en parcourent

____

(1) Il. II. 813.
(2) *Ib.* II. 467.

les rangs, et nous tracent, par leurs mouvemens, la ligne de bataille sur laquelle elles étaient rangées.

Mars, du haut du Pergama, appelle les Troyens à grands cris, et vole, comme un tourbillon, vers Callicoloné, sur les bords du Simoïs.

De même, quand Pallas anime l'armée grecque, sa voix se fait entendre, tantôt sur le fossé du retranchement, tantôt le long du rivage de l'Hellespont (1).

C'est particulièrement ici que les positions déterminées sur la carte acquièrent le degré le plus complet d'authenticité. Non-seulement elles sont isolément conformes à la description qu'Homère en a faite, et expliquent les incidens qui ont lieu près de chacune d'elles ; mais elles satisfont encore aux grands événemens où le

____

(1) Il. xx. 5o.

poëte les introduit ensemble, et combine leurs distances respectives.

En disposant en effet l'armée troyenne de manière qu'une des ailes soit appuyée vers Aktché-Keu, où est Callicoloné, et l'autre sous le village de Bounar-Bachi, où devait être Bathyeia, on voit clairement qu'elle faisait face à l'armée des Grecs, lorsqu'elle sortait de son retranchement pour se ranger en bataille dans la plaine du Scamandre.

CHAPITRE XVI.

Du tombeau d'Hector.

La plupart des anciens peuples plaçaient leurs sépultures hors des villes, et les nations orientales suivent encore religieusement cet usage ; mais les Lacédémoniens entassaient avec autant de barbarie que nous, les morts et les vivans dans l'enceinte de leurs villes.

Les Troyens n'auraient-ils point imité en cela les habitans de Sparte ? Non sans doute, puisque les tombeaux d'Aisyetes, d'Ilus et de Myrinne étaient hors de la ville, et même à une grande distance de ses murs. Pourquoi donc les tombeaux qu'on voit sur l'éminence de Bounar-Bachi ou sur l'emplacement du Pergama,

se trouvaient - ils dans l'intérieur de
la citadelle de Troye? C'est Homère
lui-même qui va nous répondre en décrivant les funérailles d'Hector.

« Apportez du bois à la ville, dit
« le vieux Priam aux Troyens (1), et
« ne craignez point les embuches des
« Grecs ; Achille m'a promis qu'il ne
« nous attaquerait qu'à la douzième
« aurore. »

Le peuple s'assemble autour du bûcher d'Hector. On éteint les flammes
avec du vin. Les parens et les compagnons du guerrier recueillent ses cendres en versant des larmes. Ils les renferment dans une urne d'or, les dépo-
sent dans une fosse qu'ils couvrent de
pierres, et ils lui élèvent à la hâte un
tombeau.

Pendant cette lugubre cérémonie,
qui se fait avec précipitation, les es-

____

(1) Il. XXIV. 778.

pions sont sur pied , de peur d'une surprise de la part des Grecs.

Il y a deux particularités à inférer de cette description qui termine le poëme de l'Iliade. Il faut en conclure que les funérailles d'Hector se sont faites dans la ville , et au milieu des inquiétudes et de la défiance.

Lorsque les chefs des Grecs périssaient dans le combat, on portait leurs cadavres aux vaisseaux , on leur élevait un tombeau sous la protection du camp , et sur les rivages de l'Hellespont. Les Troyens , de leur côté , lorsqu'ils voulaient faire les funérailles de leurs guerriers , n'avaient d'autre défense contre les incursions de l'ennemi , que les murailles de leur ville ; ils étaient donc forcés , pendant le temps de la guerre , de déroger à leur ancien usage , et d'enterrer leurs guerriers dans son enceinte.

Fondé sur ces faits , j'ai osé conjecturer que les tombeaux situés sur

l'éminence de Bounar-Bachi, étaient
des tombeaux troyens, comme ceux
qui décorent les rivages de l'Hellespont
étaient des tombeaux grecs. J'ai même
osé distinguer celui d'Hector parmi
les autres; j'ai cru le reconnaître à sa
situation sur les bords du Simoïs, et
à cet amas de pierres qui, suivant
Homère, couvrait les cendres du fils
de Priam. (1)

Euripide (2) semble vouloir insinuer
que le tombeau d'Hector n'était pas
éloigné du Pergama, quand il met
ces plaintes dans la bouche d'Andromaque : « Malheureux Priam, s'écrie-
« t-elle, c'est une furie et non pas une
« épouse, que tu conduisis dans les
« murs de Troye. C'est elle qui te li-
« vra, patrie infortunée, aux flammes
« et au fer du Grec vengeur : c'est elle
« qui a perdu mon cher Hector, si

____

(1) Il. l. XXIV. 798.
(2) *Andromaque*, trag. d'Euripide.

« cruellement traîné sur la poussière ;
« elle enfin qui me couvrit la tête du
« voile de la captivité, pour me faire
« passer sur ces tristes rivages. Que
« de pleurs m'a coûté cette cruelle
« séparation, de Pergame en cendres
« et d'Hector au tombeau ! »

Les voyageurs anglais Hawkins,
Sibthorpe et Dallaway (1), dont je ne
me lasse pas d'appeler à mon secours
les précieux témoignages, conviennent, comme je l'ai déjà dit, que ces
tombeaux sont un fort indice de la situation de la ville. Le dernier ne paraît pas satisfait des preuves que j'al-
lègue à l'appui du tombeau d'Hector.
Son compatriote, M. Morritt, regarde,
au contraire, ce monument comme
un des plus authentiques. « Quand je
« vois, dit-il, le tombeau d'Hector,
« dans l'enceinte de Troye, encore

____

(1) *Tableau de la plaine de Troye*, illustrated and confirmed, p. 14.

« couvert de pierres, comme Homère
« le décrit, je ne puis m'empêcher
« de rendre grace à ceux qui m'ont
« fait connaître ce monument extraor-
« dinaire (1). »

La situation de ces monumens m'a
paru remarquable; le caractère particulier de l'un d'eux a fixé mon attention. J'ai hasardé sur celui-là des conjectures; et j'ai vu avec plaisir que
M. Dallaway en était également frappé
lui-même, puisqu'il a cru devoir en
publier un dessin, à la tête du second
volume de son ouvrage sur Constantinople ancienne et moderne.

D'anciens auteurs nous apprennent
que long-temps après la guerre de
Troye, on montrait aux voyageurs les
tombeaux des Troyens, aussi bien que
ceux des Grecs.

César, parcourant cette plaine,

____

(1) Remarks and observations, on the plain
of Troy by Williams Franklin.

marchait, sans s'en apercevoir, sur
un monceau de pierres et de gazon
qui n'avait plus la forme d'un tombeau : « Arrête, César, s'écria son con-
« ducteur, tu foules aux pieds les
« cendres d'Hector. »

. . . . . *Securus in alto*
Gramine ponebat gressus; phrix incola manes
Hectoreos calcare vetat (1).

J'ai dit que l'amas de pierres que je
crois être le tombeau d'Hector, pa-
raissait avoir été bouleversé et fouillé;
les Anglais ont fait la même remarque (2). Pausanias nous apprend le
motif de ce dérangement. « Les Thé-
« bains, dit-il, furent avertis par l'o-
« racle d'aller à Troye, chercher les

---

(1) Lucan. Phars. IX. 975.

(2) *Tableau de la plaine de Troye*, illustrated and confirmed, p. 14.

« cendres d'Hector, et de les trans-
« porter à Thèbes (1). »

Virgile désigne d'une manière très-
ingénieuse la véritable situation du
tombeau d'Hector.

« Enée, dit-il, abordant sur les ri-
« vages de l'Epire, y retrouve la ville
« de Troye, le Scamandre, le Pergama
« et les portes Scées (2). Il rencontre
« Andromaque faisant des libations
« sur le tombeau de son époux.

Cette infortunée princesse cherche
dans sa nouvelle patrie ce qu'elle a
perdu dans l'ancienne. Elle donne à
un ruisseau desséché, le nom du divin
Scamandre, dont les eaux limpides ne
tarissent jamais. Elle élève un céno-
taphe à Hector sur les rives du faux
Simoïs ; ses souvenirs douloureux lui
sont trop chers pour qu'on puisse les

____

(1) Græc. Descript. l. IX, p. 568. ed. Hanov.
1613.

(2) *Ib.* III. 349.

accuser d'être infidèles. On peut s'en
rapporter à cette veuve affligée, pour
le soin d'imiter le tombeau de son
cher Hector; et, puisque Andromaque
pleure sur les bords du faux Simoïs en
Epire, c'est que les cendres de son
époux reposent sur les rives du véritable Simoïs dans la plaine de Troye.

CHAPITRE XVII.

Du tombeau d'Aisyetes.

« POLYTES, fils de Priam, se con-
« fiant en l'agilité de ses pieds, allait
« de la ville se placer sur le som-
« met élevé du tombeau d'Aisyetes,
« pour observer les mouvemens des
« Grecs (1). »

Cette particularité que raconte Homère, nous apprend trois choses ; savoir : Que le tombeau d'Aisyetes était
antérieur à la guerre de Troye ; qu'il
était à une assez grande distance de
la ville, et qu'il dominait le camp des
Grecs.

La plupart des caractères du tom-

____

(1) Il. II. 791.

beau d'Aisyetes conviennent au monticule artificiel situé près d'Udjek, et auquel les Turcs donnent encore aujourd'hui le nom égyptien de Tépé.

Il a environ cent pieds de hauteur, et quatre cents pas de contour à sa base ; il mérite conséquemment l'épithète d'ακροτατος, qu'Homère lui donne (1).

Il est à-peu-près à égale distance de la ville et des vaisseaux : ainsi Polytes avait besoin de toute son agilité pour échapper à une surprise et se retirer dans la ville.

Enfin, ce même monticule, comme je l'ai déjà dit, domine tout le pays d'alentour, et se trouve directement en face de l'ouverture de la plaine sur la mer, où était le camp des Grecs. Polytes ne pouvait donc choisir une position plus commode pour observer l'ennemi.

[note manuscrite : ni Priam un lieu plus commode pour établir le Tombeau d'Esacus son fils mort dans la mer]

---

(1) Il. II. 793.

Lorsqu'assis pour la première fois sur le sommet de ce monument, j'admirais sa grandeur et les avantages de sa situation, j'étais loin de songer que je foulais la cendre du vieux Aisyetes : ce n'est qu'après avoir découvert la situation de la ville, ce n'est qu'après avoir remarqué l'exactitude avec laquelle tous les monumens de la plaine se correspondent, que j'ai osé prononcer mon jugement sur celui-ci.

Le docteur Pococke a vu le tombeau d'Udjek ; mais, toujours circonspect, il ne s'est permis que des conjectures sur ce monument : « C'est peut-être « ici, dit-il (1), le tombeau d'Ai- « syetes. »

Du haut du cap Sigée, le docteur Chandler l'a distingué : « Je vois , dit- « il (2), le tombeau d'Aisyetes à une

----

(1) Pocoke's Observations on Asia minor, p. 103, t. II.

(2) Chandler Travels in Asia minor, p. 42.

« grande distance du côté du cap
« Lectos ».

« Le tombeau d'Aisyetes, dit le doc-
« teur Dallaway (1), qu'on appelle
« maintenant *Udjek-Tépé*, du nom
« du village qui l'avoisine, est un
« monument d'une hauteur extraor-
« dinaire. C'est là, ajoute-t-il, que
« Polytes, fils de Priam, était placé
« pour reconnaître le camp des Grecs.»

Un mille à l'ouest d'Udjek-Tépé,
on trouve le village d'Erkessighy.
Lorsque j'y passai, le fameux Hassan,
alors capitan-pacha ou grand-amiral,
y faisait réparer le kiosque où il avait
coutume de se reposer, pendant que
sa flotte, au retour de quelque expédition dans l'archipel, était forcée d'attendre les vents de sud à l'embouchure
de l'Hellespont.

------

(2) *Tableau de la plaine de Troye*, illustrated and confirmed, p. 22.

Quelques jours avant mon arrivée, ses architectes avaient fait transporter d'Alexandria - Troas, un très - beau sarcophage de marbre blanc, orné de bas-reliefs, pour en faire le bassin d'une fontaine. L'inscription qui couvrait en entier une des faces, était en caractères grecs. Elle avait été mutilée à coups de marteau; et j'en avais trouvé la première ligne à Alexandrie parmi les morceaux que les Turcs avaient détachés du sarcophage, pour le réduire à la dimension qui leur convenait, et le façonner à l'usage vil auquel ils l'avaient destiné.

Le personnage dont ce tombeau enfermait autrefois les restes, semblait avoir prévu que quelque main sacrilège porterait un jour atteinte à ses cendres. C'était un certain Paulinus, habile à la course, et fils d'Aurelius Paulinus, pancratiaste. « J'ai fait, « dit-il, élever ce tombeau pour mon « fils, pour ma famille et pour moi.

« Je dévoue à la vengeance de mes
« concitoyens, celui qui aurait l'au-
« dace de l'ouvrir ou d'y introduire un
« cadavre étranger. »

CHAPITRE XVIII.

Du tombeau d'Ajax.

NESTOR, racontant à Télémaque l'histoire de la guerre de Troye, lui dit : « C'est là que reposent le vail-« lant Ajax, Achille, Patrocle, sem-« blable aux dieux, et mon fils, le « courageux et l'innocent Antilo-« que (1). »

Nestor ne désigne point ici la posi-tion du tombeau d'Ajax, mais il nous apprend au moins que ses cendres re-posaient dans la plaine de Troye avec celles des guerriers grecs.

Sophocle nous laisse entrevoir que la tombe de ce héros n'était pas éloi-

____

(1) Odys. III. 109.

gnée de sa tente, quand il fait dire à Teucer (1) : « Amis, hâtez-vous de « creuser le tombeau d'Ajax. Vous, « présentez aux feux allumés, le tré- « pied profond qui doit servir au bain « sacré, tandis qu'une troupe de guer- « riers ira chercher dans la tente d'A- « jax sa dépouille entière, rassemblée « sur son bouclier. »

Strabon nous transmet, en quelque sorte, l'opinion générale de l'antiquité sur la situation de ce tombeau.

« La ville de Rhétée, dit-il, est située « sur une éminence près de laquelle « s'étend une plage sablonneuse. On y « trouve l'*Aianteium*, c'est-à-dire, le « tombeau d'Ajax et sa statue (2). »

Un certain Mysien apprit à Pausa- nias que le tombeau d'Ajax était près du rivage de la mer ; que les eaux l'a-

_____

(1) *Ajax furieux*, trag., acte 5, scène der- nière.

(2) Strab. p. 890.

vaient renversé, en avaient découvert l'entrée, et qu'on y avait trouvé des ossemens d'une grandeur démesurée, qui donnaient une idée de la taille extraordinaire de ce héros (1).

L'ouverture dont parle ici Pausanias se voit encore sur les rivages de l'Hellespont, et les Turcs l'appellent *In Tépé Gheulu*, la Caverne du Marais, à cause des eaux stagnantes qui l'avoisinent. Le monument dans lequel elle est pratiquée a été renversé ; on distingue dans sa coupe verticale tout le plan de sa construction intérieure, aussi ingénieuse que solide et durable.

Un noyau de maçonnerie en occupait le centre et s'élevait en forme de pyramide, depuis la base jusqu'au sommet. Autour de ce noyau, on avait élevé des murailles en demi-cercle, dont la convexité tournée vers le centre

____

(1) Pausan. l. v. 616.

du monument, formait une espèce de contre-fort et opposait une résistance à l'éboulement des terres. Si la voûte qui est pratiquée près du sommet n'était pas un ouvrage moderne, elle servirait à prouver que l'art de voûter était déjà connu du temps de la guerre de Troye.

Il paraît que l'histoire a gardé le silence sur l'époque où le tombeau d'Ajax a été renversé. Le pieux Mysien racontait à Pausanias que les dieux indignés contre ce sacrilège (1), avaient soulevé les flots de l'Hellespont pour inonder sa sépulture. Il est plus raisonnable de supposer que lorsque Marc-Antoine enleva la statue d'Ajax, il s'empara aussi de ses cendres pour les transporter en Egypte (2).

C'est le docteur Pococke qui m'a tracé la route du tombeau de ce guerrier, et

(1) *Voy.* Bayle, art. Ajax.
(2) Suab. Géog. l. XIII. 890. éd. Amst.

c'est à cet excellent observateur que j'en dois la découverte.

« Après avoir quitté, dit-il, le vil-
« lage d'It - Guelmes , j'aperçus en
« descendant dans la plaine de Troye ,
« un monticule sur lequel il y avait
« encore des débris de marbre ; mais
« il me serait difficile de décider
« si c'est là le tombeau d'Ajax ou
« non (1). »

Le docteur Sibthorpe écrit à l'ambassadeur Lyston , « que son vaisseau
« a été jeté par la tempête sur le rivage
« voisin du tombeau d'Ajax (2). »

« Ce tombeau , dit le docteur Dal-
« laway, a perdu sa forme régulière :
« on voit près du sommet une voûte
« et une muraille qui sont peut-

---

(1) Descript. of the East. vol. II. part. II.
p. 104 et 105.

(2) *Tableau de la plaine de Troye*, illustrated and confirmed , p. 24.

« être les ruines de l'Aianteium (1). »

S'il n'est pas facile de démontrer que ce monument fut élevé sur les cendres d'Ajax, immédiatement après sa mort, tous ces témoignages nous autorisent au moins à conjecturer qu'il a été consacré à sa mémoire, et que l'extrémité de la colline sur laquelle il est situé est ce fameux cap Rhétée, dont nos plus habiles géographes avaient jusqu'à présent ignoré la position.

Le célèbre Danville le plaçait à la *pointe des Barbiers* (2) (Kepos Bouroun) qui se trouve à plus de six mille toises du cap Ieni-Cheher, ou du cap Sigée. C'est Strabon qui a donné lieu à l'erreur du géographe français, en évaluant à soixante stades la distance

(1) *Tableau de la plaine de Troye*, illustrated and confirmed, p. 24.

(2) Mémoires de l'Académie des Inscriptions, tom. XXVIII.

qui séparait les deux caps. Pline a
montré plus d'exactitude que Strabon ;
il l'a fixée à trente stades : et cette
mesure s'est trouvée d'accord avec celle
que j'ai déterminée géométriquement.

CHAPITRE XIX.

*Des tombeaux d'Achille, de Patrocle,
d'Antiloque et de Pénéleus.*

DEPUIS le village de Ieni-Cheher
jusqu'à la nouvelle embouchure du
Scamandre, la côte est très-escarpée :
des rochers de granit taillés à pic, de
trois cents pieds de hauteur, forment
une espèce de digue qui défend la
plaine de Troye contre les flots de la
mer Egée. Le sommet de ce rempart
naturel est une plate - forme sur laquelle sont situés des villages et des
monumens que les navigateurs aper-
çoivent de la mer à une grande distance, et qui leur servent à reconnaître l'entrée de l'Hellespont. L'observateur le moins éclairé, le simple
matelot lui-même, est frappé de ces

monticules pyramidaux qui sont rangés sur les bords de la mer, et qu'il
découvre successivement à mesure
qu'il s'avance dans le canal des Dardanelles.

Le premier de ces monumens que je
trouvai sur ma route, en côtoyant la
mer pour me rendre de l'embouchure
du Scamandre au cap Sigée, est appelé par les Turcs, Bechik-Tépé. La
tranchée qui en est voisine, et qui est
pratiquée dans l'épaisseur du rocher,
est un ouvrage militaire destiné, suivant toute apparence, à protéger,
comme je l'ai déjà dit, le poste d'A-
chille.

Un peu plus loin, sur la même
route, j'en découvris un second. Enfin
j'arrivai au village de Ieni-Cheher, peu-
plé de Grecs et situé sur le sommet du
cap Sigée.

A la porte d'une des églises de ce
village, j'aperçus sur un bloc de marbre ces deux mots : φανοδικο ειμι. C'est

tout ce qui reste de la plus ancienne inscription grecque connue, de la fameuse inscription sigéenne publiée par Chishul, Schuckford et Chandler (1).

Près de la même porte à gauche, on voit un bas-relief en marbre, de la plus belle exécution. Il représente une femme assise, à qui des nourrices semblent présenter des enfans emmaillottés qu'elles tiennent dans leurs bras. Une autre figure vient derrière les nourrices, portant un coffret de la main droite, et une espèce de coquille de la gauche.

On sait que les Grecs avaient coutume de mettre leurs enfans sous la protection de quelque divinité, et que les nourrices allaient les lui présenter le cinquième jour après leur nais-

____

(1) *Antiquitates Asiaticæ*, Chandlers *Inscriptiones antiquæ*, Travels in Asia minor, ch. XII, p. 38.

sance. Les Romains avaient le même usage ; et Caligula plaça lui - même Livia Drusilla, sa fille, dans le giron de Minerve.

Je fis quelques tentatives, je m'exposai même à quelques dangers, pour arracher ces deux restes intéressans de la vénérable antiquité, à la destruction prochaine qui les menace. J'aurais surtout désiré pouvoir enlever l'inscription : mais le marbre sur lequel elle se trouve est renommé parmi les Grecs des villages voisins, comme un remède efficace contre la fièvre. Le malade s'y asseoit, s'y couche et efface toujours de plus en plus les caractères du monument. Peut-être, hélas ! au moment où j'écris, il n'en existe plus aucune trace.

Du haut du cap Sigée, je dominais encore la vaste plaine de Troye : et lorsque j'en parcourais des yeux les villages, les monumens et les fleuves, j'aperçus sur le rivage qui était à mes pieds deux monticules voisins l'un de l'autre, et tout-à-fait semblables à ceux que je venais d'observer sur la crête du promontoire. Les Grecs des environs les appellent *Dio-Tépé* (les deux Tombeaux).

Hérodote, Pline, Pausanias, Quinte-Curce et beaucoup d'autres anciens racontent que les tombeaux des guerriers de l'Iliade se voyaient encore de leur tems dans la plaine de Troye.

Ces monumens avaient donc déjà résisté plus de dix siècles aux ravages du tems. Le respect des peuples, autant que leur solidité, les avoient garantis de la destruction. Pourquoi n'auraient-ils pas subsisté vingt siècles de plus, puisque les peuples devenus maîtres du pays où ils se trouvent, n'ont pas moins de vénération pour les sépultures que ceux qu'ils en ont chassés ?

« Le temple d'Achille et son tom-

« beau , dit Strabon (1) , sont au cap
« Sigée. On y voit aussi les tombeaux
« de Patrocle et d'Antiloque. Les
« Troyens leur font à tous des sacri-
« fices ainsi qu'à Ajax : mais ils
« n'honorent point Hercule qu'ils
« regardent comme le destructeur de
« leur ville.

« Quoiqu'il soit certain , dit Po-
« cocke (2) , que les sultans et les vi-
« sirs aient en beaucoup d'endroits
« de pareils tombeaux , je ne puis ce-
« pendant m'empêcher de remarquer
« que ceux-ci pourraient bien être des
« monumens de la plus haute anti-
« quité. Le plus grand est peut-être
« le tombeau d'Achille ; les deux
« autres seraient ceux de Patrocle et
« d'Antiloque , auxquels les Troyens
« rendirent les honneurs divins.

____

(1) Strab. Géogr. Cas. p. 596 , éd. Paris ,
1620. Al. 890.

(2) A Des. of the East. v. 11, part. 11, p. 29,
119 et 120.

« Les deux éminences que j'aper-
« çois dans la vigne , dit le docteur
« Chandler (1) , sont les tombeaux
« d'Achille et de Patrocle : le troi-
« sième est celui d'Antiloque fils de
« Nestor , et le suivant celui de Pé-
« néleus.

« Ces deux tombeaux , dit le doc-
« teur Dallaway (2), sont ceux qui ,
« suivant l'opinion des anciens géo-
« graphes , renfermaient les cendres
« des illustres amis Achille et Patrocle;
« les deux autres sont ceux d'Antilo-
« que et de Pénéleus le Béotien ».

Comme les cendres des trois guerriers furent déposées dans la même
urne et placées dans le tombeau d'A-
chille (3), il était naturel de supposer
que les tombeaux élevés en l'honneur

____

(1) Travels in Asia minor , p. 42.
(2) *Tableau de la plaine de Troye*, illustrated and confirmed , p. 23.
(3) Odys. XXIV. 73.

de Patrocle et d'Antiloque, étaient
de simples cénotaphes, et ne contenaient point leurs cendres.

Plein de cette idée, et dirigé d'ailleurs par la grandeur de celui de ces
monumens qui est le plus voisin de la
mer, je le désignai comme devant
être l'objet de la fouille que je conseil-
lai d'entreprendre, et qui fut exécutée
après mon départ de Constantinople.
En voici les détails qui m'ont été four-
nis par le médecin de l'ambassade,
homme savant, qui a lui - même fait
un long séjour dans la plaine de Troye.
Son témoignage va fixer, j'espère, toute
incertitude sur un monument qui, s'il
n'est pas celui d'Achille, est certainement au moins celui que les anciens
géographes ont attribué à ce guerrier
fameux, et très - probablement celui
qu'Homère a révéré comme tel.

« Quelque tems après votre départ
pour la Moldavie, m'écrit-il, l'ambassadeur me dit qu'il avait résolu de faire

fouiller le tombeau que vous aviez fixé comme étant celui d'Achille ; et que pour éviter toute querelle avec les Turcs, qui, comme vous savez, dès qu'ils voient un Franc creuser la terre, croient qu'il veut enlever leurs trésors, il avait chargé le juif Gormezano, agent français aux Dardanelles, de s'aboucher avec le Turc dont vous avez vu la maison adossée au tombeau, et de lui proposer, moyennant une somme dont on conviendrait, de faire la fouille lui-même. Il ajouta, que, pour ôter aux Juifs et aux Turcs la tentation de soustraire les métaux précieux qui, d'après le témoignage d'Homère, pourraient être renfermés dans le tombeau, il avoit promis de donner en or ou en argent le double en pesanteur de l'un ou de l'autre de ces métaux qui y serait trouvé.

« Douze ou quinze jours après cette conversation, lorsque nous étions à la campagne de Tharapia, il m'en-

voya chercher, et me dit : « Voilà ce
« que je viens de recevoir de la Troa-
« de, et ce que Gormezano m'écrit ».
En parlant ainsi, il me montrait d'une
main un bocal de verre posé sur une
table, et de l'autre, il me présenta
une lettre.

« Je lus d'abord la lettre du juif,
qui disait en substance : qu'on avait
attaqué le mole vers le milieu de sa
hauteur, et qu'au bout de la galerie
ouverte et dirigée au centre de la base
du cône de terre, on avait trouvé un
roc vif dans lequel étoit une légère
excavation de deux *archines* (environ
six pieds) en carré, entourée d'un
petit mur de pierres liées avec de la
glaise et recouverte de même, et que
dans cette excavation étaient conte-
nues les matières qu'il envoyait.

« Après avoir pris lecture de sa lettre, je m'empressai de procéder à
l'examen de reliques aussi curieuses ;
et pour le faire avec méthode, je fis

apporter un grand plat, sur lequel je vidai le bocal.

« On remarquait au premier coup-d'œil une substance pulvériforme, et des débris de diverses natures, que j'épluchai attentivement, et dont je fis cinq lots séparés par ordre de leurs qualités apparentes.

« La première division contenait des morceaux de vases de terre cuite; la seconde étoit formée de quelques charbons de bois, et la troisième de quelques fragmens d'une substance crétacée qui provenait évidemment d'ossemens calcinés. J'avais joint à ce troisième tas la moitié d'un petit vase d'ivoire.

« La quatrième division n'offrait qu'un seul objet; c'était une barre informe couverte de vert-de-gris. Vous aurez une idée de sa forme et de son volume, quand vous saurez qu'on l'a prise pour une poignée d'épée.

« Enfin la cinquième division était

composée de parcelles irrégulières ,
et d'une plaque scutiforme d'une substance rougeâtre, que sa pesanteur spé-
cifique me fit reconnaître aussitôt pour
être l'oxide d'un métal quelconque.

« La substance pulvérisante me parut à la vue et au toucher avoir des caractères de cendres si frappans que je
ne songeai pas à procéder à un examen
ultérieur. Quant aux charbons de bois,
aux fragmens osseux et aux tessons de
vases cassés , il était impossible d'élever le moindre doute sur leur nature.

« Le corps vert - de - grisé était
une barre de cuivre , comme je m'en
suis assuré en vérifiant un morceau
de l'oxide.

« La matière de chacun de ces objets ainsi déterminée , il restait à dé-
brouiller les formes qu'avait jadis of-
fertes l'assemblage de plusieurs d'entr'eux : pour procéder plus sûrement
à cette opération , j'appelai le secours
de Fauvel , dont vous connaissez la

dextérité et l'intelligence. A force
d'examen, de tâtonnement et de patience, Fauvel trouva que la préten-
due poignée d'épée était l'intérieur
du corps d'une statue, et qu'une partie de l'oxide en écailles avait formé
sa surface, et avait été écroûtée par
quelque secousse. En rapprochant et
collant tous ces débris l'un après l'autre aux endroits où la correspondance
de leur forme avec le vide les appelait, il parvint à rétablir, sauf quelques lacunes non nécessaires pour
reconnaître l'ensemble, une statue
égyptienne drappée à la grecque. Elle
était portée sur le plateau scutiforme
dont j'ai parlé, et ce plateau était
soutenu par deux petits chevaux dans
le côté desquels il était implanté.

« La statue, jointe au piédestal qui
la soutenait, a dix pouces de hauteur. Les chevaux sont lourds et mal
faits. Ils portaient chacun un guerrier
dont il ne reste plus que la partie

inférieure. Le visage de la figure est détruit ; on distingue encore une partie
du sein ; les pieds sont en avant l'un
de l'autre et sur deux lignes parallèles,
comme aux statues égyptiennes. Les
symboles qui surchargent sa tête et
ses épaules, sont la partie la mieux
conservée. Deux sphinx placés sur les
avant-bras élèvent leur tête au niveau
de sa coiffure *ornée d'une feuille de
lotus*, au-dessus de laquelle on voit
deux lions ou deux sphinx.

« On distingue sur son épaule une
chemise d'un tissu dont les fils semblent frisés à peu-près comme les che-
mises de soie que les femmes portent
encore dans tout l'Orient. Elle est vê-
tue d'une robe avec un grand nombre
de plis perpendiculaires ; les pans en
sont relevés sur les cuisses, et les bords
sont par-tout contournés suivant la
disposition des plis et avec la plus
grande uniformité. De son bras gauche,

elle soutient sa robe, qu'elle saisit avec le pouce et l'index.

« On sait que Minerve avait son temple dans la citadelle de Troye, à l'époque du siége : le culte de cette divinité se perpétua long-tems après la destruction du royaume de Priam. « On la trouve, dit Pélerin (1), sur « plusieurs médailles ; mais il en est « une qui mérite sur-tout d'être obser- « vée, en ce qu'elle représente Isis, « dans la même attitude que Minerve, « tenant d'une main une espèce de « hast en travers sur son épaule, et « de l'autre main une quenouille, sui- « vant Fontenu. Isis est reconnaissa- « ble sur cette médaille, à son habil- « lement, et au *lotus qui est sur sa* « *téte* ; et c'est peut-être de cette ma- « nière qu'était représentée Minerve

______

(1) Recueil des médailles des peuples et des villes, t. II, p. 63 et 64.

« de Saïs, qui était Isis, suivant Plu-
« tarque ».

« Ce qui prouve encore la prodigieuse antiquité de la statue trouvée dans le tombeau d'Achille, c'est
que, par son attitude et son vêtement,
elle ressemble à plusieurs figures conservées sur des monumens étrusques
et grecs, entr'autres à deux canéfo-
res gravés dans les monumens iné-
dits de Winkelman, d'après un vase
étrusque.

« Ce même costume et cette même
attitude se trouvent aussi dans une figure de Minerve, sculptée sur un bas-
relief grec, de la collection du cardinal Albani, et que Ruffei qui l'a publiée, rapporte au tems des Ptolémées,
observant qu'on y a donné aux figures
le vêtement affecté aux dieux grecs ou
étrusques, sur les monumens de la plus
haute antiquité.

« Après la restauration de la statue,
on procéda au rétablissement des va-

ses dont nous avions les tessons. Pour
faciliter ce travail , on adapta les morceaux sur un noyau de plâtre , suivant qu'ils correspondaient les uns aux
autres , et de cette manière on parvint
à former deux vases de style étrusque,
de dix à douze pouces de haut. Il restait encore d'autres tessons dont on
n'a pu tirer aucun parti ; plusieurs
avaient appartenu à des vases lacry-
matoires.

« Voilà , dans la plus stricte vérité,
tout ce que l'on peut dire sur les objets
trouvés dans le tombeau d'Achille ;
et telle est la manière dont la lettre
de Gormezano en annonçait la découverte.

« Maintenant quelle confiance doit-
on avoir à cette lettre ? Pour moi je
crois fermement qu'elle ne contenait
rien que de vrai. Il serait possible
qu'il eût soustrait quelques - uns des
objets trouvés , mais je suis intime-
ment persuadé que ceux qu'il envoyait

avaient été découverts comme il l'annonçait ; du moins toutes les preuves physiques et morales concourent à établir ce fait. Les preuves morales se tirent de la situation de Gormezano : cet agent dépendait de l'ambassadeur de France ; il devait donc se garder d'attirer son ressentiment par une supercherie qui lui aurait été peu profitable, et qui ne pouvait manquer d'être dévoilée, puisque la fouille avait été faite par plusieurs personnes qui différaient de mœurs, de religion et d'intérêt.

« Les preuves physiques se tirent de la nature des objets ; il faut une longue suite de siècles pour oxider le cuivre au point où l'était la statue. Le costume grec allié avec la coiffure égyptienne, les formes étrusques observées dans les vases, formes qui paraissent avoir été suivies en Grèce du temps de la prise de Troye ; tout est marqué dans ces objets, au coin de la plus haute antiquité.

« Quand Gormezano aurait voulu faire un envoi pour flatter l'ambassadeur, il est bien difficile de croire qu'il eût eu l'adresse et les moyens de le composer si à-propos.

« Il me reste à vous dire un mot de la nature des diverses terres qui composent le *Tumulus* en question. L'ingénieur Kauffer fut envoyé dans la Troade pour faire les perquisitions les plus sévères sur l'exactitude des récits du Juif, et pour prendre connaissance des travaux qui avaient été faits. C'est dans ce voyage qu'il observa les diverses couches qui composaient le tombeau, et dont il a fait un dessin fort ingénieux.

« La première couche, ou la couche inférieure qui reposait immédiatement sur les débris contenus dans l'excavation, était de sable fin, et avait environ dix pieds d'épaisseur ; la suivante qui était de pierre et sable, avait quatre pieds ; la troisième, de glaise et pierre , n'en avait que deux ; enfin la dernière, qui couronnait le monument et le garantissait de l'humidité, était de glaise et avait six pieds.

« Pendant les trois jours que j'ai passés en 1788, dans la plaine de Troye, je n'ai pas manqué d'examiner la place de la fouille. Le Turc voisin avec lequel j'ai conversé, s'est entièrement trouvé d'accord avec Gormezano, et m'a raconté que depuis l'ouverture du tombeau, un *vourvoulaki,* ou *revenant,* n'avait cessé de tourmenter les infidèles du cap Sigée. »

On voit que tous les voyageurs qui m'ont précédé et suivi dans la Troade, n'ont pas craint d'affirmer que les tombeaux des héros grecs existent encore sur les rivages de l'Hellespont.

Mais quand les anciens et les modernes ne m'auraient pas guidé dans la recherche de ces monumens, Homère m'en avait dit assez pour me les faire reconnaître.

Il indique d'abord leur situation sur le bord de la mer, en peignant « les « Grecs transportant du mont Ida (1) « le bois nécessaire pour le bûcher de « Patrocle, et le jetant sur le rivage, « à l'endroit qu'Achille avait désigné

---

(1) Le mont Ida était couvert de forêts au tems d'Homère, comme il l'est encore aujourd'hui. D'Ansse do Villoison m'apprend « que cette « montagne était renommée par les observations « astronomiques qu'y fit Cléostrate de Ténédos, « au rapport de Théophraste, *de signis pluvia-* « *rum*, p. 419 de l'édition de Daniel-Heinsius. « Leyde 1613, in-fol. Il invite aussi à lire les « remarques de feu M. Bjoernstahel, savant « suédois, sur le Simoïs, et sur le détroit de « Sestos et d'Abydos, p. 186 et suivantes de « la 7.e lettre du 6.e tome de la traduction ita- « lienne de ses lettres, intitulée : *Lettere ne'* « *suoi viaggi stranieri di Giacomo Jona Bjoerns-* « *tahel, in italiano recate de Baldassar Do-* « *menico Zini di Val di Non, Poschiavo,* 1796, « in-8°. »

« pour le tombeau de son ami et pour
« le sien (1). »

Il désigne ensuite leur construction
et leur forme, quand il dit, « que les
« chefs en marquent l'enceinte circu-
« laire, en jettent les fondemens et les
« couvrent d'un monceau de terre (2). »

Mais écoutons sur-tout le divin poëte
lorsqu'il prédit leur éternelle durée,
et qu'il peint l'impression qu'ils doivent faire à l'avenir sur les navigateurs
qui passeront dans l'Hellespont.

« Si je triomphe, dit Hector, si
« Apollon me donne la victoire, j'ar-
« racherai au vaincu ses dépouilles;
« je les porterai à Troye ; je les brû-
« lerai sur l'autel du dieu qui me
« protège ; je rendrai son cadavre
« aux Grecs : ils l'enfermeront dans le
« cercueil, et *sur les bords de l'Hel-*
« *lespont ils lui élèveront un tombeau.*

____

(1) Il. XXIII. 126.
(2) *Ib.* XXIII. 256.

« *Le nautonier qui voguera sur ces*
« *ondes, dira : Là est le tombeau d'un*
« *héros qui jadis périt sous les coups*
« *d'Hector... Il le dira ; et ma gloire*
« *vivra jusqu'aux siècles les plus re-*
« *culés* (1). »

Homère met une sorte de complaisance à rappeler dans l'Odyssée le souvenir de ces tristes monumens : il est pénétré de l'intérêt qu'ils inspiraient de son tems à tous les voyageurs. Sans doute lui-même était allé brûler de l'encens sur les tombeaux de la plaine de Troye.

Agamemnon racontant à Achille, dans les enfers, les cérémonies de ses funérailles, lui dit :

« Après que les flammes de Vulcain
« t'ont consumé, nous rassemblons,
« Achille, à la naissance de l'aurore,
« tes ossemens blanchis ; nous les ar-

____

(1) Il. VII. 92. *Voy.* l'élégante traduction de Lebrun.

« rosons d'un vin pur et d'un parfum
« huileux ; ta mère nous apporte une
« urne d'or , présent , disait-elle , de
« Bacchus , et l'ouvrage de l'indus-
« trieux Vulcain : là , fameux héros !
« reposent tes cendres , confondues ,
« selon tes désirs , avec celles de ton
« ami Patrocle ; là , séparément , sont
« encore les cendres d'Antiloque , qui ,
« après la mort du fils de Menœtius ,
« fut le plus cher de tes compagnons ;
« nous , l'armée valeureuse des Grecs ,
« *nous érigeons , avec piété autour de*
« *cette urne un grand et remarquable*
« *monument au bord du rivage le plus*
« *avancé sur l'Hellespont , afin que*
« *les races présentes et futures l'aper-*
« *çoivent de loin en traversant cette*
« *mer.* »

Τοις οι νυν γεγαασι, ηϙι οι μετοπισθεν εσονται (1).

Je finis ici mes observations sur la

____

(1) Odys. XXIV. 84. trad. de Bitaubé.

Troade ; le volume qui va suivre contiendra celles de M. Morritt, voyageur anglais, aussi distingué par ses talens que par son exactitude et son impartialité.

FIN DU SECOND VOLUME.